SV

Sonderdruck
edition suhrkamp

Wo alles Text ist, weil alles Code ist, gibt es kein Werk mehr, nur noch Halbzeug, vorgefertigtes Rohmaterial. Bilder, Filme, Töne, Wörter – im Digitalen ist alles offen dafür, wieder- und weiterverarbeitet, transcodiert und prozessiert zu werden. Hannes Bajohrs Lyrikband beweist, dass aus recycelten Texten scharfsinnige Gedichte entstehen können. Inspiriert von den Avantgarden der Moderne, bedient er sich der Technik des 21. Jahrhunderts: Mit Hilfe von Algorithmen hat er etwa die Romane Kafkas, Bundestagsprotokolle oder Klimaschutzberichte fragmentiert und neu geordnet. Seine Gedichte eröffnen so einen ganz anderen Blick auf Rezeption und Autorschaft im Zeitalter der Digitalisierung.

Hannes Bajohr, geboren 1984 in Berlin, studierte Philosophie, deutsche Literatur und Geschichte in Berlin und New York und wurde mit einer Dissertation über Hans Blumenbergs Sprachphilosophie promoviert. Neben seiner akademischen Arbeit betreibt er mit Gregor Weichbrodt das Textkollektiv oxoa (www.oxoa.li). Zuletzt erschienen der Roman *Durchschnitt* (Berlin: Frohmann 2015) und *Code und Konzept. Literatur und das Digitale* (Berlin: Frohmann 2016). *Halbzeug* ist sein erstes Buch im Suhrkamp Verlag.

Hannes Bajohr

Halbzeug

Textverarbeitung

Suhrkamp

Die hier gesammelten Texte entstanden zwischen 2007 und 2017.

Erste Auflage 2018
edition suhrkamp
Sonderdruck
Originalausgabe

Satz: Satz-Offizin Hümmer GmbH, Waldbüttelbrunn
Druck: CPI – Ebner & Spiegel, Ulm
Umschlagabbildung: Hannes Bajohr
Umschlag gestaltet nach einem Konzept von Willy Fleckhaus: Rolf Staudt
Printed in Germany
ISBN 978-3-518-07358-2

für Gregor Weichbrodt

Schreibzeug I: Malling-Hansen-Schreibkugel (Friedrich Nietzsche)

»Schreibkugel ist ein Ding gleich mir: von Eisen / Und doch leicht zu verdrehn zumal auf Reisen. / Geduld und Takt muss reichlich man besitzen / Und feine Fingerchen, uns zu benuetzen.« – Nachgelassene Fragmente, Februar-März 1882.

in corpore

20 OPFER

ist dir, liebste, dieses opfer nicht zu schwer?
das opfer von zwei minuten
kann sehr leicht mein opfer werden,
wie der räuber im wald opfer
zurückhält: die opfer, die ich brachte, um
opfer zu verlangen.
selbst wer ihr opfer geworden ist, hat
sein opfer; ich will es nicht ausdenken.
auch hast du das opfer, das sie dir bringen,
das opfer, aus der gasse, in welcher
nur eines der opfer,
der beiden opfer,
das ständige opfer,
ihr opfer war,
das vorbestimmte opfer jedes die hand ausstreckenden gastes,
wohl gern zum opfer gebracht.
leicht ein opfer von klatschereien
bringe ich also solche opfer.
solche opfer zu bringen
dieses opfer ist zu groß.

[Konkordanzen des Schlüsselworts »Opfer« aus Franz Kafkas Werken (ohne Tagebücher) mit Concord 0.9 erstellt; anschließend manuell arrangiert und rechts und links selektiv geweißt.]

ES TRUG SICH ZU

es war einmal ein
in die höhe und
in den wald und
es trug sich zu
hinaus in den wald
trug sich zu daß
in den wald hinein
und fing an zu
sich auf den weg
an zu weinen und
es dauerte nicht lange
nicht lange so kam
bei der hand und
so will ich dir
dauerte nicht lange so
in die hand und
um den hals und
es sich zu daß
es war einmal eine
ging in den wald
sprach er ich will
trug es sich zu
und sprach ich will
und sprach zu dem
und sprach zu ihm
als er fertig war
an der hand und
da sprach der könig
das wasser des lebens
der könig und die
hin und her und
in einen großen wald
sich zu daß er
sprach er zu ihm
als er ein weilchen
am andern morgen als

an den tisch und
auf den kopf und
auf den weg und
aus der hand und
der hand und führte
er in den wald
in der hand und
in die weite welt
in ein seiden tuch
in ihre kammer und
machte sich auf den
mein mutter der mich
mein vater der mich
mutter der mich schlacht
vater der mich aß
wenns mir nur gruselte

[Alle 4-Gramme mit einer Frequenz von 8 oder mehr aus dem Korpus der Grimm'schen Kinder- und Hausmärchen (Fassung von 1819), mit CasualConc 1.9.7. nach der Häufigkeit ihres Auftretens geordnet.]

WAS MAN MUSS (MANAGEMENTKORPUS)

Sie müssen tough sein.
Sie müssen ehrlich sein.
Sie müssen es nur wollen.
Sie müssen emotional sein.
Sie müssen sich entscheiden!
Sie müssen nur originell sein.
Sie müssen nett und tough sein.
Sie müssen ihr Vertrauen gewinnen.
Sie müssen auswählen und gewichten.
Sie müssen Ihren Rubikon überschreiten.
Sie müssen realistisch erreichbar sein.
Sie müssen sich ihr Geld erst verdienen.
Sie müssen daran arbeiten, damit es anhält.
Sie müssen physisch und psychisch fit sein.
Sie müssen es tun, ob Sie wollen oder nicht.
Sie müssen die Fragesteller konsequent führen.
Sie müssen Ihre Zuhörer zusätzlich motivieren.
Sie müssen sich nicht für eine Absage entschuldigen.
Sie müssen vor Ihrem Vortrag immer auf die Toilette?
Sie müssen Ihre Gedanken während des Sprechens entwickeln.
Sie müssen nicht Krebs heilen können, um Wert zu vermitteln.

Sie müssen kein Wissenschaftler sein, um all das zu verstehen.
Sie müssen nicht lange überlegen, planen oder um die Ecke denken.
Sie müssen am härtesten daran arbeiten, nicht zu hell zu strahlen.
Sie müssen es wollen und Sie müssen daran arbeiten, damit es anhält.
Sie müssen Ihren Vorgesetzten nicht zu einem anderen Menschen machen.
Sie müssen ja niemand anderem gegenüber darüber Rechenschaft ablegen.
Sie müssen Sie spielen, wie ein Schauspieler auf der Bühne Hamlet spielt.
Sie müssen einerseits genau beobachten und andererseits klug kombinieren.
Sie müssen jede Gelegenheit ergreifen, Arbeitgebern den Beweis zu liefern.
Sie müssen ihn davon überzeugen, dass Sie das gesuchte 3G-Mindset besitzen.
Sie müssen im Job ja nicht mit jedem befreundet sein, mit dem Sie arbeiten.
Sie müssen kein Hypernetzwerker sein, um ein Meister des Netzwerks zu werden.
Sie müssen nur noch ausformulieren und nicht mehr von Neuem Inhalte entwickeln.
Sie müssen also von allem, was Sie dort tun und sagen, innerlich überzeugt sein.
Sie müssen kein Sprachkünstler sein, um kräftige sprachliche Bilder zu erzeugen.
Sie müssen noch nicht jedes Argument und jedes Faktum vollständig ausformulieren.
Sie müssen eine quantitativ und qualitativ adäquate dynamische Stabilität aufweisen.
Sie müssen keine Energie aufwenden, um täglich von neuem Ihrer Rolle gerecht zu werden.
Sie müssen auch Ihr Dasein vor sich selbst nicht begründen, geschweige denn rechtfertigen.
Sie müssen fürchten, dass Ihre Mittelmäßigkeit irgendwann durch einen Besseren offenbar wird.
Sie müssen wissen, was von Ihnen erwartet wird und wie Sie diese Erwartungen erfüllen können.
Sie müssen Ihre Mindset-Eigenschaften nutzen, um vom Netzwerker zum Supervernetzer zu werden.
Sie müssen sich von dem Stapel der anderen Lebensläufe abheben – oder das Spiel ist gelaufen.
Sie müssen nicht auf guten Stil, Grammatik, Zeichensetzung, Satzbau und vollständige Sätze achten.

Sie müssen hohe Vorgaben und strategische Richtungswechsel, die von oben kommen, umsetzen und erfüllen.
Sie müssen ja nicht gleich Architekt, Ingenieur, Maler, Mechaniker, Naturforscher und Philosoph werden.
Sie müssen das aufschreiben, was korrekt ist und der Realität entspricht, und nicht das, was Sie sich wünschen.
Sie müssen wissen, wer Ihre Zielgruppe ist, um Ihre Informationen und Argumente möglichst genau darauf abzustimmen.
Sie müssen in einem Meeting oder auf einer Konferenz ein kurzes Statement über sich selbst oder Ihre Tätigkeit abgeben.
Sie müssen Ihr Leben, alles, was Sie bisher getan haben, Ihre kompletten Pläne und Ziele ändern – oder Sie werden sterben.

[Mit »Sie müssen ...« beginnende Sätze von maximal 140 Zeichen Länge mit CasualConc 1.9.7. ausgegeben und mit textmechanic.com nach Länge sortiert; das Korpus bestand aus folgenden Büchern: Martin-Niels Däfler, Der Karriereführerschein. Erfolgstipps für alle, die anfangen zu arbeiten, Frankfurt am Main: Campus 2011; Martin Dall, Die Rhetorische Kraftklammer. Überzeugen mit starken Reden und prägnanten Wortmeldungen, Wien: Linde 2012; Peter Gräser, Führen lernen. Der Weg zur Führungskompetenz und zur persönlichen Karriere-Strategie, Wiesbaden: Springer Gabler 2013; Alexander Groth, Führungsstark in alle Richtungen. 360-Grad-Leadership für das mittlere Management, Frankfurt/New York: Campus 2008; Jochen Mai, Die Karrierebibel. Definitiv alles, was Sie für Ihren beruflichen Erfolg wissen müssen, München: dtv 2008; Edward Russell-Walling, 50 Schlüsselideen Management, Heidelberg: Spektrum 2011; James Reed/Paul G. Stolz, Wie Sie in jedem Beruf erfolgreich werden. Die Formel für Ihre Karriere, München: Redline 2013; Ulrike Scheuermann, Wer reden kann, macht Eindruck – wer schreiben kann, macht Karriere. Das Schreibfitnessprogramm für mehr Erfolg im Job, Wien: Linde 2013.]

DRUMHERUM

um alle themen herum
um bäume im feld herum
um chemnitz herum
um deutschland und bayern herum
um europa herum
um folgende tatsache herum
um gedenkstätten herum
um harte einschnitte herum
um ihre villen herum
um jeden kurort herum
um klare worte herum
um lösungen herum
um mehrere ecken herum
um null herum
um olympia herum
um pisa herum
um quoten herum
um radikale maßnahmen herum
um schulschließungen herum
um tschernobyl herum
um ulm herum
um vor ort spürbare maßnahmen herum
um weihnachten herum
um x dinge herum
um yen-anleihen herum
um zusätzliche anstrengungen herum

[Die im Deutschen Referenzkorpus (DeReKo-2014-II) gesammelten Plenarprotokolle von Bundestag, -rat und Länderparlamenten aus den Jahren 2000-2013 (309 Millionen laufende Wortformen) mit Cosmas II 3.11 nach der Phrase »um ... herum« durchsucht; manuell ausgewählt und alphabetisch sortiert.]

AUF MEHR ALS EINE WEISE

die herren von der hafenbehörde
bis auf den heutigen tag
die hände in den taschen
bis auf einen gewissen grad
im zimmer auf und ab
auf mehr als eine weise

ich weiß nicht was ich
in der mitte des zimmers
sagte er zu sich selbst
die hände in den hosentaschen

[Die fünf häufigsten 5-Gramme in den Werken Franz Kafkas und Johann Wolfgang Goethes mit CasualConc 1.9.7 ermittelt und abwechselnd untereinander ausgegeben; Reihenfolge erste Strophe: Kafka/Goethe, zweite Strophe: Goethe/Kafka.]

WENDEKORPUS

wir atmen wieder, aber welche luft?
wir bedauern das nach wie vor
wir begründen heute unseren gemeinsamen staat
wir begrüßen ihn aus ganzem herzen
wir bekamen 30 sitze im rathaus
wir bekamen nicht einmal eine einladung
wir bekennen uns zu sozialistischem unternehmergeist
wir bekennen uns zu unserer friedenspflicht
wir bekommen täglich post zur eigentumsfrage
wir besitzen sie doch überhaupt nicht
wir blieben einfach nicht hart genug
wir blieben strittig an diesem tag
wir brauchen aber auch weitere unterscheidungen
wir brauchen freundlichkeit und güte, charme
wir brauchen hilfe zum selbständigen überleben
wir brauchen machtausübung durch das volk
wir brauchen mut zu radikalen lösungen
wir brauchen schnell die ersten schritte
wir brauchen ware, keine hohen preise!
wir, die union, sind standfest geblieben
wir drängten unsere zweifel einfach zurück
wir dürfen nicht noch mehr zerreden
wir dürfen sie uns nicht leisten
wir entsinnen uns an die regierungserklärung
wir erheben keine gebietsansprüche im osten
wir erinnern an die politisch verfolgten
wir erwarten von ihnen keine opfer
wir essen gemeinsam auf dem hof
wir fahren in der aussprache fort
wir fahren in der tagesordnung fort
wir fordern den rücktritt der sed
wir fordern die entmachtung der staatssicherheit
wir fordern es für alle deutschen
wir gehen etage für etage ab
wir gehen wieder auf die straße
wir greifen dieses angebot gern auf

wir grüßen sie im neuen jahrzehnt!
wir haben aber damit nichts erreicht
wir haben angst und hoffnungslosigkeit erfahren
wir haben angst und sind wütend
wir haben auch dort beides gehabt
wir haben da auch unsere würde
wir haben da ungute erfahrungen gehabt
wir haben damit nichts zu tun
wir haben das hier deutlich gemacht
wir haben das im bundestag gesagt
wir haben dazu eine eigene meinung
wir haben den krieg dreimal verloren
wir haben die wahrheit nicht gepachtet
wir haben diese tagesordnung soeben bekommen
wir haben diese unselige zeit überwunden
wir haben doch eine einigung erzielt
wir haben ein recht auf dialog
wir haben ein recht auf information
wir haben ein recht auf reisefreiheit
wir haben ein recht auf widerspruch
wir haben ein recht, uns einzumischen
wir haben erneut eine offene grenze
wir haben es nicht gleich gekonnt
wir haben es nicht zu verschenken!
wir haben es wieder mal geschafft
wir haben es, glaube ich, nötig
wir haben ganz konkrete ideen dazu
wir haben in acht sitzungen beraten
wir haben in dieser frage abgestimmt
wir haben jetzt diese eine chance
wir haben keinen grund zur genugtuung
wir haben leider viel zeit verloren
wir haben nicht einmal ein telefon!
wir haben privaten grund und boden
wir haben schon wieder keinen winter
wir haben sehr intensiv darüber gesprochen
wir haben sehr viele verbale zugeständnisse
wir haben uns da völlig mißverstanden
wir haben uns ja kennengelernt erst

wir haben uns selbst bedingungen gesetzt
wir haben unser erbe nicht aufgegeben
wir haben zeit verloren und vertrauen
wir haben zur zeit keine alternativen
wir halten das für einen durchbruch
wir hatten am ende nie probleme
wir hatten das im ausschuß diskutiert
wir hatten das problem schon jahrelang
wir hatten den platz für uns
wir hätten keine regierung wählen brauchen
wir hoffen, daß sie darüber nachdenkt
wir hofften, man würde uns rufen
wir kamen schon alle miteinander aus
wir kaufen, weil wir süchtig sind
wir kennen uns bald 15 jahre
wir kinder wollen auch was sagen!
wir kommen noch einmal zur abstimmung
wir können den vorgang nicht beeinflussen
wir können es natürlich revolutionär nennen
wir können nicht allen alles versprechen
wir können sie nicht mehr halten
wir lassen euch nicht im stich
wir lassen uns das nicht bieten
wir lassen uns nicht mehr bevormunden
wir leben beide in diesem gebiet
wir lebten in einem geteilten land
wir lehnen diesen antrag demzufolge ab
wir machen der ddr keinerlei vorschriften
wir machten uns auf den weg
wir möchten, daß europa europa hilft
wir müssen an unsere verantwortung denken
wir müssen an unseren zeitfonds denken
wir müssen da also alleine weitermachen
wir müssen den mut dazu finden
wir müssen hinunter zu den stämmen
wir müssen jetzt zusammenfügen statt trennen
wir müssen leider noch einmal abstimmen
wir müssen über das geschehene reden
wir müssen überall ganz unten anfangen

wir müssen uns dieser verantwortung stellen
wir müssen zweifellos zwei zeiträume sehen
wir mußten also viel aktuelles produzieren
wir müßten sie allerdings offiziell anmelden
wir nehmen diese meinung zur kenntnis
wir nehmen vorhandene soziale ängste ernst
wir respektieren diese entscheidung des präsidiums
wir scheuen diese öffentliche kontrolle nicht
wir schicken ihnen gerne informationsmaterial zu
wir sehen diese entwicklung mit sorge
wir sehen vielfältige auflösungserscheinungen der ddr
wir sind auf diese aufgaben vorbereitet
wir sind bereit, diesen gedanken aufzugreifen
wir sind eben nicht das volk
wir sind eigentlich in der aussprache
wir sind für einen zivilen wehrersatzdienst
wir sind gerade bei den abstimmungsmodalitäten
wir sind in beiden ländern gewesen
wir sind insoweit ein offenes land
wir sind noch kein stück weiter
wir sind noch weit davon entfernt
wir sind überhaupt nicht darauf eingerichtet
wir sind um weitere verbesserungen bemüht
wir sind uns dessen voll bewußt
wir sind verantwortlich, die ruhe herzustellen
wir sind weiter zur zusammenarbeit bereit
wir sind willens, diese schuld abzutragen
wir sind zeugen eines phänomens geworden
wir sind zu folgendem ergebnis gekommen:
wir sind zur zeit 11 parlamentarier
wir sollen nur als bittsteller kommen
wir sollten auch das andere wahrnehmen
wir sollten bei diesen texten bleiben
wir sollten das auch nicht vergessen
wir sollten die hoffnung nicht aufgeben
wir sollten nicht wieder darauf verzichten
wir sollten uns auf sachfragen verständigen
wir sozialdemokraten haben unser versprechen gehalten
wir stehen vor einer klaren alternative

wir stehen zur schuld der partei
wir stellen der regierung folgende fragen:
wir tragen bei zur hochkonjunktur, oder?
wir tragen schließlich alle unser kreuz
wir träumten auch, als keiner schlief
wir treten aus unseren rollen heraus
wir tun das für unsere seite
wir unterstützen den antrag der cdu
wir verfolgen eine politik des dialogs
wir verließen also die kreuzung buchholzer
wir versuchen, dem rechnung zu tragen
wir vertreten die interessen der werktätigen
wir von radio ddr sind gastgeber
wir war'n das tier im jagdrevier!
wir waren am hauptbahnhof im einsatz
wir waren mitten in der abstimmung
wir waren zusammen in bautzen eingesperrt
wir waren zutiefst romantisch und religiös
wir wenden uns an die jugend
wir werden daran zu tragen haben
wir werden das auch nicht tun
wir werden es auch so schaffen
wir werden hunderttausende von prozessen haben
wir werden sie beim wort nehmen
wir werden uns daran messen lassen
wir wiederholen noch einmal unseren standpunkt
wir wissen beide, wovon wir reden
wir wollen an dieser sache weiterarbeiten
wir wollen da nicht mißverstanden werden
wir wollen den betrieb ausbauen, modernisieren
wir wollen die koordinierte linke aktion!
wir wollen diesen weg zielstrebig weitergehen
wir wollen gleiches recht für alle
wir wollen ihn mit allen gehen
wir wollen jetzt keine panik erzeugen
wir wollen nicht kneifen, sondern kämpfen
wir wollen nicht länger seiltänzer sein
wir wollen nicht ohne gedächtnis leben
wir wollen recht und keine rache!

wir wollen recht und nicht rache!
wir wollen, daß unser land gesundet
wir wollten keine leere worthülse verwenden
wir wollten nicht in verruf geraten
wir wollten nur das alte stürzen
wir wollten so sehr geliebt werden
wir wurden oft nicht ernst genommen
wir wußten nicht, wo es hingeht
wir zücken stifte, stellen aufnahmegeräte an

[Die im Deutschen Referenzkorpus (DeReKo-2013-II) gesammelten Wendekorpora West+Ost (3,23 Millionen laufende Wortformen) mit Cosmas II 3.11 nach mit »wir« beginnenden Sätzen von exakt sechs Wörtern Länge durchsucht; Fragmente entfernt; alphabetisch sortiert.]

ER (KORPUSFABEL I)

er war 26 jahre alt
er war, als pionier, abkommandiert gewesen zum dienst an den lokomotiven
er war anhänger darwins
er war arzt, hatte seine dienste als arzt erboten
er war auch kein sozialdemokrat
er war auch kein utopist
er war auf dem land aufgewachsen
er war auf der börse und beim pferderennen tätig
er war auf der höhe seiner berühmtheit, als er nicht weiterkonnte
er war austromarxist
er war bauernsohn, kam in die stadt
er war der entdecker oder veredler eines stoffes, der valable hiess
er war die verkörperung der idee der heimat
er war doch den gegebenheiten des lebens nicht gewachsen
er war doch kriegsteilnehmer gewesen
er war ein chauvinist, engstirnig
er war ein prachtvoller germane
er war eine stunde lang im kreis gegangen
er war einer der verbannten, wie sie umhertrieben in paris
er war einer unzugehörigkeit ausgeliefert, die tiefer war als jegliche nationale [entwurzelung
er war einmal metaphysiker
er war für die »februar«-revolution
er war geschwächt von der lungenentzündung
er war gewaltsam, hart, rücksichtslos, wollte alles selbst bestimmen
er war ihr bei jedem schritt näher, als sie es ihrem gehör nach vermutete
er war in seiner jugend ein hervorragender turner
er war ja dort nicht zur schau
er war ja kein radiotelegrafist
er war jetzt im käsegebiet
er war kein bolschewik mehr
er war maler, wusste aber noch nicht, wie er es werden sollte
er war matt gewesen beim antritt der weiterreise
er war mit einer französin verheiratet gewesen
er war nett zu mir, gab mir sein essgeschirr mit resten drin
er war nicht aufzufinden
er war nicht mehr zu erkennen

er war nicht weiter nach süden gefahren, sondern nordwärts
er war nie mitglied der partei
er war noch bei bewusstsein
er war organist in der kirche clotilde
er war sich aber nicht sicher
er war so sehr alleinherrscher
er war weit in den garten geschleudert worden
er war zäh
er war zu mir, als sei er mein sohn

[Peter Weiss, Die Notizbücher, Frankfurt am Main: Suhrkamp 1981-82 als Korpus verwendet, mit CasualConc 1.9.7 Verbalkonkordanzen zur Phrase »er war« gesucht und gelegentlich gekürzt; alphabetisch sortiert.]

SIE (KORPUSFABEL II)

ſie iſt artig, gut, und unſchuldig
ſie iſt artig, klug, angenehm, voll welt, die ihr nicht ſchadete
ſie iſt beſſer und eben ſo gut
ſie iſt brav bis zur thätigkeit
ſie iſt die feinſte und zarteſte, die ich kenne
ſie iſt doch nur erſt labruyere aufgefallen
ſie iſt ein produkt des geiſtes
ſie iſt eine intellektuelle büßerin; ganz ohne sünde
ſie iſt hier für uns veranſtaltet
ſie iſt hier ſehr fêtirt
ſie iſt mehr als außer ſich über dies ereigniß
ſie iſt noch ſo lieblich und jung
ſie iſt nur eine große perſönlichkeit in ihrer art
ſie iſt ſehr ſchön, und ich amüſire mich ſehr
ſie iſt unſere landsmännin
ſie iſt wahrhaft gewandt
ſie iſt, wie ſie ausſieht

ſie war auf falſchen boden gebracht
ſie war dieſen sommer in berlin
ſie war erſt in grauem sammt, mit schwarz und weiß beſetzt
ſie war ganz zärtlich gegen mich
ſie war geehrt, und hatte viele freunde
ſie war gutmüthig, und haßte affektation
ſie war hier eingelebt, und ſehr beliebt
ſie war mitbefleckt, indem ſie's duldete
ſie war nur drei tage hier; wir ſahen uns beſtändig
ſie war ſo ſchön! und erzählte ſo was schönes, wozu man nicht dumm ſein kann
ſie war ſtark; aber ſie verplumpte ſich
ſie war zu litterariſch

[Rahel Varnhagen von Ense, Ein Buch des Andenkens für ihre Freunde, Berlin: Duncker und Humblot 1834, in der typografisch exakten Darstellung des Deutschen Textarchivs als Korpus verwendet, mit CasualConc 1.9.7 Verbalkonkordanzen zu den Phrasen »sie ist« und »sie war« gesucht und gelegentlich gekürzt; alphabetisch sortiert.]

TÖTEN (KORPUSFABEL III)

Aber sie werfen uns in den Kerker und quälen unsern Leib, höhnen unsre Weiber, töten unsre Kinder, stiften Raub und Brand. Bald darnach befreiten sich die zwölf geraubten Schwestern aus ihren Gemächern, suchten die zwölf Dolche aus der Brust ihres Bruders und töteten in der Nacht sämtliche Mordgrafen. Da gab sich der Kaiser in der Frauen Gewalt, daß sie ihn töten lassen könne nach dem Recht. Da kam der Teufel abermals und legte ihm einen andern Brief in die Tasche, darin stand, sie sollten die Königin mit ihrem Kinde töten. Da schrieb er einen Brief der Kaiserin, in dem befahl er, als lieb ihr Leib und Leben wäre, daß sie den Zeiger dieses Briefes töten hieße. Da sprach sie auf der Stelle: »O guter Gesell, nehmt von Euren Leuten und kehret mir eilends zum Wald, daß Ihr die sieben Kinder tötet, und bringt mir die sieben Ketten zum Wahrzeichen mit!« Da zog er sein Schwert und drohte sie zu töten, wo sie ihm nicht gehorchte, und zwang sie damit, daß sie es versprach. Daheim wußte er nicht, an wem er seinen Zorn und Ärger auslassen sollte, bis ihm böse Gedanken kamen und er beschloß, seinen Bruder zu töten. Den entronnenen König ließ Dieterich trüglich zurückrufen und beredete endlich den Iring mit falschen Versprechungen, seinen Herrn zu töten. Den jüngsten tötete Hermenfried auf Anstiften seiner Gemahlin Amalaberga, einer Tochter Theodorichs von Franken. Der Knecht nahm sie in seinen Mantel, ritt in den Wald und wollte sie töten. Der König hieß in jähem Zorn den Grafen töten. Der König ließ seinen Rat versammeln und beschloß, den dritten Teil des Volkes töten zu lassen. Der Mann geriet in Schulden und ward ganz arm, so daß er in Verzweiflung erst seine Frau mit einem Messer tötete, dann sich selbst eine Kugel durch den Kopf schoß. Die Hunnen verheerten die ganze Stadt; was von Männern darin war, töteten sie durchs Schwert, um die Weiber und Kinder aber losten sie. »Du sollst es töten und mir Lunge und Leber zum Wahrzeichen mitbringen.« Er hatte zu dem Ende ein Paar gute Pistolen gekauft und wollte mit der einen die Braut, mit der andern hernach sich selbst töten. Kühn schlug er unter die Feinde, tötete und verwundete eine große Menge und machte sie alle flüchtig. Matabruna hingegen dachte nichts als Böses und beredete sich mit der Wehmutter, daß sie der Königin, wenn sie gebären würde, statt der Kinder junge Hunde unterschieben, die Kinder selbst töten und Beatrix einer strafbaren Gemeinschaft mit Hunden anklagen wollten. Nachdem das geschehen war, ging sie getrost hinunter und setzte sich nieder, und nach wenigen Augenblicken fuhr auch ein Blitz auf sie herab und tötete sie. Sie

antwortete »ach, du armes Kind, du bist in eine Mördergrube geraten, dein Bräutigam wohnt hier, aber er will dich zerhacken und töten, und will dich dann kochen und essen.« Über dem Gewieher der Rosse erwachte Adelgis, zog sein Schwert und tötete viele Franken. Und es entstand ein Wortwechsel, keiner aber wußte Böses von der Pfalzgräfin zu sagen und keinen Grund, warum sie sie töten sollten. Und schickte zwei seiner Diener in die Mühle, daß sie das neugeborne Kind töten und zu dessen Sicherheit ihm des Kindes Herz brächten; denn er müsse es haben zu einer Buße. Wie das geschehen war, leiteten sie das Wasser wieder ins alte Bett zurück und töteten, damit die Stätte von niemand verraten würde, alle die, welche das Grab gegraben hatten.

[Belegstellen für das Lemma »töten« mit Cosmas II 3.11 in den Grimm'schen Kinder- und Hausmärchen (Fassung von 1819) ermittelt; alphabetisch sortiert.]

DER WINTER DER JAHRE

die abschätzung der entwicklung
der anstieg der bevölkerung
das ausmaß der effekte
der ausstoß der gase
die beiträge der einzelnen
die berechnung der abweichung
der datensprung der statistik
der effekt der maßnahme
die einhaltung der ziele
die erhöhung des anteils
die erholung der wirtschaft
die förderung der errichtung
die formel der werte
die gesamtmenge der zuteilung
die geschwindigkeit des weiteren
der grad der umsetzung
die größe der balken
die klärung der haftung
die menge des überschrittenen
das niveau des auslands
die prüfung der inventur
die qualität der berichterstattung
die reform des gesetzes
die schließung der lücke
der stand des rechtlichen
die steigerung der wertschöpfung
die unsicherheit des möglichen
die verpflichtungen der gemeinschaft
die wahl der parameter
der winter der jahre

[Die kombinierten Klimaschutzberichte 2008-2015 des deutschen Bundesministeriums für Umwelt, Naturschutz, Bau und Reaktorsicherheit sowie des österreichischen Umweltbundesamtes als Korpus verwendet; mit grep Genitivkonstruktionen der Form »das/der/die x des/der y« gesucht; alphabetisch sortiert und gekürzt.]

EROTICA

a a
a a a
a a a a a a
a a a a a a a a a a a a a a a h
a a a a a a a a a a a a a a h h h h h h h h h
a a a a a a a a a r g h
a a a a a a a a h
a a a a a a a h
a a a a a a u u u u u u u u u i i i i i i i i i
a a a a a h
a a a a a h h r r r r
a a a a a h h r r r r r
a a a a a r g g g h h t e t e e e e e
a a a a h
a a a a h h h h
a a a a h h h h h r r r r r r
a a a a h h h r r r
a a a a r r g g g h h h
aaagggggggghhhhhhhhiiiiiiiiiiiiiiiii
a a a g g g g g g h h h h h h h h i i i i i i i i i i
aaagggggghhhhhhhhiiiiiiiiiiiiiiiiiiii
a a a h
ä ä ä h
a a a h h h
ä ä ä h h h
a a a h h h h

a a a h h h r r

a a a u u u t s c h h h

a a a u u u u

a a h h

a a h h h

ä ä h h h

a a h h r r r

a a h r r r

a a r r r g h

ä h e m

a h h h

ä h h h

a h h h h

ä h h h h

a h h h h h

a h h h h h h

a h h h h h h h

a h h h h h h h h

a h h h h h h h h h

a h h h h h h h h h h h h h h h h

ä h h m

a r r r r r r r r g g g g g h h h h h h h h

a u a a a a

a u a a a h h

a u u u m m m m p f f f f f f f f f h h

a u u u t s c h

a u u u u

a u u u u a

a u u u u t s c h h

a u u u u u a a a a a h h h h h h h h

a u u u u u u a

a u u u u u u a a a a

a u u u u u u u a a a a a a a

b o o o a h

b u u u h ö ö ö ö h

e h h

e h m m

h a a a

h a a a a

h h

h h h h h h h h h h h h h h h

h h h h h h h h h h h h h h h h h h h h h

h m m

h m m m

h m m m h h h

h m m m j a a a

h m m m m

h m m m m m h h

h m m m m m m m m m m m m m m m m m m

h o l l a r ö ö d u l i h ö ö ö

i i

i i e e h h

i i i
j a a
j a a a
j a a a a
j a a a a a
j a a a a a a a a a a
j a a a a a a a a a a a a a
j a a a a a a a a a a a a a a
j a a a a a h h h
j a a a a a h h h h h
j a a a a h a a a
j a a a a h h h h h h
j a a a a h h r r r r
j a a a c h
j a a a h h h
j a a a h h h h
j a a a h h h r r
j a a a h h h r r r
j a a a h h r r r
j a a a h h r r r r
j a a a h h r r r r r
j a a a h r r
j a a h
j a a h h
j a a h h h
j a a h h h h r r r r

j a a h h h r r
j a a h h h r r r r
j a a h h r r
j a a h h r r r r
j a h h
j a h h r r r r r r
m h h m m m
m h m m
m m
m m h
m m h h
m m h h h m m
m m h h h r r
m m h h m m h h
m m h m h
m m m h h
m m m h h h
m m m h h h h
m m m h h h r r
m m m h h h r r r
m m m h h r r
m m m h h r r r
m m m m h h h
m m m m h h h h h
m m m m m h h h h
m p f f f f f f f h h h h

m p p p p p p p f f f f f f f h h h h h h h h h h
n a a a
n n n n g g h h h h h
o h h
o h h h
o h h h h
o h h h h h
o h h h h h h
o h h h h h h h
o h h h h h h h h
o o
o o h h
o o h h h h
o o h h h r r r r
o o h h r r r
o o o a a a h h
o o o h h h
o o o h h h r r
o o o h h h r r r
o o o h h h r r r r r r
o o o h h r r r
o o o h h r r r r
o o o h r r r
o o o o h
o o o o h h h h h
o o o o h h h r r r

o o o o h h h r r r r r
o o o o o h
o o o o o o o o o
o o o o o o o o o o o o o o o o o o o o o h h h h h h
o u h
o u h h h
s s s h h h h t
s s s s s s s s s s s s s s s s s s s s t
s s s s s s t t t
u a a a h h h h
u h
u h h
u h h a a h u h u h u w h o o o a a u
u h h h h h h h h h h h h h h h h h h
u i i i h
u i u i u i
u u h h h
u u u u u h
w h a a a a
w h h a a a a
w h o o a a
w h o w

[Alle auf german.literotica.com gelisteten user-verfassten erotischen Geschichten mit dem Webscraper Kimono zu einem Korpus versammelt (ca. 480 000 Einträge bei 31 500 Lemmata) und mit einem Python-Script geparst, das alle als deutsche Wörter erkennbaren Instanzen aussortiert; alphabetisch geordnet.]

OPEK KAMERA

jeder satz ihres romans *vielleicht* beginnt mit dem wort vielleicht.
vielleicht. der splitter einer
bitte vielleicht.
vielleicht auch nicht, aber auf jeden fall
mit dem wort vielleicht. es ist die geschichte eines
romans. und vielleicht, so schreibt sie,
vielleicht wird er gesühnt werden,
vielleicht; ein bisschen.
vielleicht, weil er so sein möchte wie humphrey bogart
knabbert an ihr, vielleicht,
danach vielleicht irgendwie verformt,
der vielleicht allerschönste moment in ihrem leben.
vielleicht aus kalziummangel,
vielleicht nie wieder,
blicken die beiden sich vielleicht manchmal an und warten
und laufen davon. vielleicht ist es auch der geruch der
vielleicht in boston,
vielleicht in die antarktis,
schrumpft. vielleicht zwei zentimeter. außerdem
sich vielleicht ableckt, aber der zu nichts hinführen muss.
sie lächelte viel, vielleicht zu viel, dachte
sie vielleicht.
vielleicht ist dieses
vielleicht eine freundschaft.
vielleicht sind sie auch sofort zum nächsten
geburtstag vielleicht,
vielleicht ja just im frühling,
vielleicht zum weihnachtsfest,
vielleicht letztes. sie sind
dir vielleicht doch etwas zu klein,
dafür aber vielleicht heile oder glücklich oder
trinken vielleicht einen kaffee,
vielleicht gibt es augen
und vielleicht einen hang zum stricken.
das ist vielleicht das wichtigste,
dass du vielleicht böse sein könntest.

vielleicht, das gehe nicht
und schaue vielleicht, wie meine spucke,
so fertig aus, und vielleicht
ist alles anders. wie? vielleicht werden wir
nur nicht vielleicht, sondern ganz sicher,
vielleicht zeug,
vielleicht speck aus mir gewinnen.
ja, vielleicht könnte sein sohn
vielleicht das produkt der fantasie
ihm bauen, vielleicht ein u-boot,
vielleicht die polen, wendet euch mal an die.
vielleicht werden wir ewig leben,
vielleicht mit einem gesicht, aber sicher war
sich der sohn vielleicht,
dass es vielleicht der fall ist,
vielleicht auch nicht,
und vielleicht, vielleicht ist alles anders.
vielleicht war er es auch.
ein mal, vielleicht ein mal
geachtet, vielleicht zum ersten mal,
vielleicht ein paar fotos machen,
vielleicht, wie sie
mario heißen. vielleicht würde sie
jetzt vielleicht in montreal an einer tankstelle
eine kleine landschaft, vielleicht ein moor
formen, vielleicht familie.
eine kleine dicke frau, vielleicht eher ein mädchen
nicht das vielleicht schlimmste verbrechen
vielleicht ein vogel
vielleicht das produkt widriger umstände
vielleicht ein serientäter
vielleicht hätte jemand den fall lösen können.
das weiß zwar vielleicht nur sie, da
in hospitälern vielleicht
vier, vielleicht sechs polizeiwagen kriechen.
sie würden vielleicht sogar meine arbeit
reproduzieren. vielleicht, weil sich ihr
vielleicht zarte federn, wie magnetisch
schicken, ihr vielleicht zu verzeihen oder

auf einen kaffee zu treffen, vielleicht
fiel, vielleicht ist es wahr,
vielleicht eine katze
um uns herum und vielleicht
der ton, vielleicht
mit seinem kopf. vielleicht würde er
vielleicht an mich denken müssen
mich vielleicht einmal erwähnt
haben, die vielleicht nicht mehr
liebe zuprostet. vielleicht murmelt er
zehn, vielleicht zwanzig nummern
rot, und weiß, vielleicht orange. kein gesicht,
vielleicht schon. was weiß
der vielleicht schönste moment in
ihrer vielleicht verreckten
zeit mehr. und vielleicht hatten sie auch nichts damit zu tun.

–

every sentence of her novel *maybe* starts with the word maybe.
maybe. the sliver of a
a faint shadow, maybe with a face
a bird, maybe? birds don't have faces
maybe family, but they form a different word
from a different realm of space, maybe to mingle with people or to
be called mario. maybe she (mario) would meet
maybe once, maybe not,
the near future. but maybe in the
living room. maybe in the kitchen? no, not in
tokyo or dresden. yes, maybe his son could become
the present. maybe it's calcium deficiency.
maybe everything is different.
and that was maybe the single best moment of her life
built from that suitcase, maybe even a submarine.
a lot of red, and white, maybe orange. she recognizes no one and
fell off the silo, maybe
hit by a laser beam, and maybe because
she smiled so much, maybe too much
with all your might. maybe your son breaks his

atmosphere around us and maybe even an entire universe. but
reproduce them. maybe. this is because her whole life
graduated this year, or maybe last. they're returning
the novel. and maybe? she writes,
it contains so much fat. maybe they could make bacon out of
a long-gone lover. maybe he mumbles her name
and nibbles on it, maybe in the way a mouse nibbles on
antarctica, maybe he usually
knows where she lives. maybe boston, some say. that would
have been nice. if she'd maybe sent her a postcard
to the precinct and maybe drink a cup of coffee.
they made music together, maybe
four, maybe six police cars
standing there and smiling, maybe not very convincingly, but
maybe this problem, which is
maybe none at all
looked so worn out. and maybe their lives would be better
where you got them from. maybe they're frozen, which would be
possible maybe candles
drink a cup of coffee, or maybe they
come to the room? maybe it's nine o'clock, or
ten, maybe 20 numbers; nobody
in the house. or maybe he was. what do i know.
i'll just leave. maybe i'll just have
a key, maybe
maybe someone could have solved the case
like philip marlowe. maybe because he wants to be like
the jews, or maybe the poles. reach out to them.
pure hearts do exist. maybe they're sitting at a gas station in montreal
not strong at all, and yet maybe still healthy, or happy
that it's maybe happening.
maybe there are eyes
to forgive her maybe or to say that
maybe was unacceptable, perhaps
there is no time anymore. and maybe maybe everything
is shrinking. maybe an inch. also,
maybe we will live forever.

[Verbalkonkordanzen des Wortes »vielleicht« aus Jakob Noltes Roman ALFF, Berlin: fiktion.cc 2014 sowie des Wortes »maybe« aus der englischen Übersetzung von Léon Dische Becker und Emily Dische-Becker, Berlin: fiktion.cc 2014 mit CasualConc 1.9.7 gesucht; anschließend manuell arrangiert und rechts und links selektiv geweißt.]

DIALOG

Au, schrie er. Er war 36.

Hm, dachte sie. Sie lief.

Ok, hauchte er. Er war dort.

Und?, fragte sie. Sie stand.

Ja, lächelte er. Er ging hin.

Sofort, rief sie. Sie gab auf.

Besetzt, rief er. Er las weiter.

Vier, seufzte sie. Sie ging weg.

Jaaaa!, schrie er. Er lief rot an.

Nö, antwortete sie. Sie wurde rot.

Was ist?, fragte er. Er hat ja Recht.

Wahnsinn!, rief sie. Sie war wütend.

Alles!, forderte er. Er lacht hämisch.

Darf ich?, fragte sie. Sie hatte Glück.

Daher, antwortete er. Er nickte dankbar.

Tradition, dachte sie. Sie sagte das so.

Was denn?, grinste er. Er klang belustigt.

So, so, antwortete sie. Sie war schwanger.

Aaaahhhrrr, brüllte er. Er antwortete nicht.

Erstaunlich, meinte sie. Sie musste lächeln.

Aushalten, stotterte er. Er runzelt die Stirn.

Was ist das?, fragte sie. Sie hielt kurz inne.

Irre spannend, dachte er. Er zog seine Hand weg.

Was denkst du?, fragte sie. Sie zog die Luft ein.

Es ging so, antwortete er. Er sagte nichts weiter.

An einem Samstag, rief sie. Sie fasste einen Plan.

Auch das noch, murmelte er. Er stellte sich vor sie.

Gute Einstellung, lobte sie. Sie stand vom Bett auf.

Ich bin abgehauen, sagte er. Er war völlig außer sich.

Oh, Entschuldigung, rief sie. Sie begann zu verstehen.

Was ist denn das?, fragte er. Er jaulte auf vor Schmerz.

Wird Alba kommen?, fragte sie. Sie musste selber lachen.

Wie meinst du das?, fragte er. Er rannte schwerfällig los.

Wie wäre es damit?, fragte sie. Sie packte eine Art Trotz.

Du bist so schön, sinnierte er. Er fand es gar nicht lustig.

Und, was glaubst Du, fragte sie. Sie trug etwas in der Hand.

Ich darf Sie küssen?, fragte er. Er zuckte erschrocken zurück.

Nie wieder Alkohol!, stöhnte sie. Sie schaute ihren Bruder an.
Das muss ich festhalten, sagte er. Er war immer so unberechenbar.
Willst du einen Sekt?, fragte sie. Sie freute sich schon darauf.
Hilft Dir das irgendwie?, fragte er. Er wollte etwas ›ausprobieren‹?
Wie hierfür ausgesucht, dachte sie. Sie war voller Glückseligkeit.
Die Signora will es!, antwortete er. Er beobachtete sie interessiert.
Nein, natürlich nicht, wisperte sie. Sie trug eine sandfarbene Hose.
Kann ich den Damen helfen?, fragte er. Er machte eine effektvolle Pause.
Ach, du warst beim Bund?, fragte sie. Sie verstummte für eine Sekunde.
Die Kühe stört's nicht, antwortete er. Er schien ihre Gedanken zu erraten.
Was wäre die Alternative?, fragte sie. Sie war die beliebteste Lehrerin.
Das konnte ja heiter werden, dachte er. Er sprach erstmals ihren Namen aus.
Was kann er denn so alles?, fragte sie. Sie setzte sich auf sein Bettsofa.
Also eher etwas Esoterisches?, fragte er. Er machte eine richtige Show daraus.
Wandern, wir waren wandern!, schrie sie. Sie hatte erreicht, was sie wollte.
Sie waren also bei Murx & Co.?, fragte er. Er wollte alles sagen, alles zugeben.
Sie sind ein kleiner Künstler, lobte sie. Sie sprach klar, gewählt, nuanciert.
Dass ich das noch erleben darf!, lachte er. Er ging zum Auto und holte die Kamera.
Möchtest du etwas Schokolade?, fragte sie. Sie gab ihm wieder einmal Rätsel auf!
Das kannst Du doch nicht machen!, stöhnte er. Er hatte noch nie so mit ihr gesprochen.
Ist das so schwer zu verstehen?, fragte sie. Sie wollte es auskosten bis zur Neige.
Aber man muss nicht alles verstehen, dachte er. Er war fürs Erste außer Gefecht gesetzt.
Etwas vorsichtiger und höflicher, meinte sie. Sie blieb wie vom Donner gerührt sitzen.
Schnell, sonst gibt es Verbrennungen!, brüllte er. Er wollte ihr mit aller Macht widerstehen.
Was könnten Sie mir da empfehlen?, fragte sie. Sie drehte den Kopf jetzt langsam zu ihm.
Wird Zeit, wieder am Leben teilzunehmen, dachte er. Er hob die Kamera und machte eine Aufnahme.
Sag mal, bist Du wahnsinnig geworden, schrie sie. Sie war ebenfalls sportlich und trainiert.

Der Herrscher des Universums ist zu Hause, rief er. Er schlich missmutig auf sein Zimmer zurück.

So ziemlich ja oder so ziemlich nein?, fragte sie. Sie hasst sich selbst für so viel Dummheit.

Sie hat schöne schmale und zierliche Hände, dachte er. Er hatte beschlossen, nun aufs Ganze zu gehen.

Was ist, willst du sie nicht begrüßen?, fragte sie. Sie schaute das Kleid an, das am Haken hing.

Du hast mir nicht alles erzählt, nicht wahr?, fragte er. Er nahm automatisch seine Hände in den Nacken.

Ist das alles, was du mir zu sagen hast?, fragte sie. Sie trank die Tasse Schluck für Schluck leer.

Und was machen wir jetzt mit den Eiswürfeln?, fragte er. Er musste sich mit neuen Namen vertraut machen.

Siehst du, ist doch gar nicht so schlimm!, hauchte sie. Sie war durchtrainiert, jedoch nicht muskulös.

Hi, bei Dir schon alles für die Kids gerichtet?, fragte er. Er drehte sich um: Wo ist eigentlich Old Mighty?

Hast Du noch Deine Sammlung 20-Cent-Stücke?, fragte sie. Sie hatte offenbar definitiv was an den Nerven.

Da muss ich ja durch den gesamten Wald latschen!, ächzte er. Er hat eine neue Stufe der Erniedrigung erreicht.

Ich glaub, meine Beine sind eingeschlafen, flüsterte sie. Sie dachte darüber nach, was gerade geschehen war.

[Aus dem german.literotica.com-Korpus (vgl. EROTICA) Dialog- sowie Beschreibungssätze mit »er« oder »sie« extrahiert, nach Länge sortiert und per Python als Paare verkettet; abwechselnd links- und rechtsbündig formatiert.]

ÜBER MICH SELBST

zusammen mit Gregor Weichbrodt als oxoa

Ich bin ein ehrlicher, aktiver und liebevoller Mensch, andererseits bin ich ein sportbegeisterter und gepflegter Bursche aus dem Allgäu, der sehr offen und optimistisch durch das Leben geht, darüber hinaus bin ich sehr fürsorglich, großzügig und habe ein gutes Verhältnis zu meinen Kindern und zu meiner geschiedenen Frau, außerdem bin ich ein passabler Lump und auf der Suche nach der kultiviert verdorbenen Dame, kurz, ich bin ungebunden, d. h. es gibt keine Noch- oder Ex-Frau und keine Kinder, außerdem bin ich ein sportlicher schlanker Typ, bin vielseitig interessiert, aktiv, weltoffen, und ich muss wohl nicht sagen, dass ich ein Profi im Unterwasserski fahren bin, genauso bin ich gespannt, Dich kennen zu lernen, daher bin ich mit Leib und Seele Ingenieur, trotzdem bin ich vom Beruf her und auch bei meinen Hobbys eher technisch veranlagt, auch bin ich nichts Außergewöhnliches ... bis man mich kennt :-), denn ich bin authentisch, offen, neugierig und emotional, daher bin ich 52 Jahre jung und stehe beruflich und persönlich vor einem Neuanfang, allerdings bin ich auch vom Typ her jemand, der seinen Weg geht, denn ich bin gerade dabei mich hier in Bayern neu einzuleben, das heißt, ich bin gebildet, beruflich erfolgreich und stehe mit beiden Füßen im Leben, trotzdem bin ich ein bodenständiger und unkonventioneller Mensch, und ich bin ein fröhlicher, zufriedener und glücklicher Mensch, außerdem bin ich aber ein sehr emotionaler Mensch, denn ich bin ehrlich und ein positiver, sozialer Mensch, glaube an Gott und an das Gute im Menschen, andererseits bin ich ein Mensch, welcher immer wieder die Herausforderung sucht, und ich bin desweiteren ein ausgeglichener Herzensmensch, außerdem bin ich ein tiefgründiger Mensch, und ich bin ein unkomplizierter Mensch und mag es auch unkompliziert – das Leben ist schon kompliziert genug ;o), und ich bin Dane das gerade zur Hamburg umgeziehen ist und suche gesellschaft das ich meine Freizeit teilen kann, genauso bin ich ein »RealMann« mit Herz, Hirn und Humor und suche eine »RealFrau«, und ich bin an sich ein fröhliches Wesen, aber ich bin sportlich, bin gern draußen, lache gern und habe eine positive Einstellung, daher bin ich auch ein Meister im Nichtstun, und ich muss wohl nicht sagen, dass ich mittlerweile nicht mehr ganz neu hier bin, denn ich bin lustig und lebensfroh, und ich bin ein englisch sprechender Australier der gerne Spass hat und dauerhaft nach München gezogen ist, allerdings bin ich auch der Tom, und ich bin ein zuverlässiger und ehrlicher sowie sportlicher Mann, der weiss, was er im Leben will und die Freizeit nutzt, um viel zu unternehmen, und ich bin ein weltoffener, positiver und unternehmungslustiger Zeitreisender, auch bin ich ein gradliniger Typ, ehrlich und kommunikativ, Humor spielt für mich eine wichtige Rolle, allerdings bin ich auch gerne daheim und liebe den Blick in meinen Garten, andererseits bin ich aktiv und reise gerne durch die Welt, denn ich bin bei artgerechter Haltung relativ pflegeleicht, nicht streitsüchtig und versöhnlich, falls die Untertassen doch mal fliegen sollten, andererseits bin ich relativ geradelinig, sehr »breit gebaut – nicht fett«, und ich bin Genießer, genauso bin ich einfach sehr speziell und unvergesslich, und ich bin sensibel und vom handeln her eher gefühlsorientiert, denn ich bin selbstsicher genug, daher bin ich offen für eine Frau mit Kind(ern) und auch eine Familiengründung ist nicht ausgeschlossen:-)), andererseits bin ich dafür, dass man sich immer selbst ein Bild machen sollte, und ich bin im übrigen extrem zuverlässig, zielstrebig und ergebnisorientiert, auch bin ich nicht immer Regelverliebt und gehe auch mal links und rechts vom Weg, wenn der gesunde Menschenverstand mir das sinnvoll erscheinen lässt, und ich muss wohl nicht sagen, dass ich mal gespannt bin, was hier so geht, kurz, ich bin überzeugt davon, dass es dich gibt, denn ich bin ein leicht zu begeisternder Mensch, allerdings bin ich auch eher häuslich und familiär veranlagt und handwerklich begabt, außerdem bin ich eine gelungene Mischung zwischen Mann und Kind und suche eine gelungene Mischung zwischen Frau und Kind, darüber hinaus bin ich Psychologe, Musiker (Sänger), leidenschaftlicher Koch, Zahlenfreak, (Ex-)Unternehmer, Internet-Nerd, kleiner Bruder und ehemaliger Taxifahrer, andererseits bin ich ein relativ erfolgreicher Mann mit hohen Ansprüchen an mich selbst und die von mir wählbare Umgebung, ohne überheblich zu sein, trotzdem bin ich in den allerbesten Jahren, wirklich gut aussehend und außerordentlich klug, auch bin ich selbstbewußt, attraktiv und gehe mit Leidenschaft und Freude neugierig durchs Leben, und ich bin ein offener Mensch mit Sinn für Ästhetik, Bildung und Literatur, trotzdem bin ich ein entspannter Mann, denn ich bin sportlich, spontan und lache gern, außerdem bin ich spontan, und ich bin ein geselliger, spontaner und humorvoller Zeitgenosse, kurz, ich bin hier nicht auf der Suche nach einer Brieffreundschaft, und ich bin unabhängig und flexibel, darüber hinaus bin ich mitunter unruhig, daher bin ich gespannt auf alles Neue, und ich bin relativ unkonventionell und kann wenig damit anfangen, was z.B. man in einem bestimmten Alter oder als Mann/Frau oder so tun sollte, und ich bin auch der Meinung, dass man sich anbahnende Konfilkte bzw. Probleme VOR der Eskalation zur Sprache bringt und diese eben vorher löst, allerdings bin ich auch vielseitig interessiert, mache gerne Sport in der Natur, dazu zählt vor

Allem Mountainbiking, andererseits bin ich ein unkonventioneller Mensch und suche eine Partnerin, der ich auf Augenhöhe mit uneingeschränktem Vertrauen und Respekt begegne, daher bin ich zielstrebig und ehrgeizig, warmherzig und liebevoll, trotzdem bin ich beruflich sehr eingespannt und wünsche mir eine Partnerin auf »Augenhöhe«, und ich bin eine gelungene Mischung aus Bürgerlichkeit und Rock'n Roller, auch bin ich zwar ein Spießer und Nerd aber trotzdem nicht angestaubt, auch bin ich gespannt, neugierig und freue mich auf inspirierende kontakte und natürlich die Richtige, genauso bin ich verrückt, emotional, ungeduldig, überschwänglich, romantisch, genussvoll, facettenreich, aktiv, entscheidungsfreudig, tiefgreifend und nie langweilig, daher bin ich flexibel für meine Partnerin, aber habe schon meine festen Routinen, allerdings bin ich auch heute seltsam aufgelegt ... wenn doch die Affektenlehre von Spinoza so einfach funktionieren würde, kurz, ich bin ein freier Mensch, das heißt, ich bin ein humorvoller, liebevoller und sportlicher Typ der sich drinnen wie draussen fast überall wohl fühlt, und ich bin aber auch ein selbständiger Mensch, der mit sich gut auskommt, das Alleinleben ebenso genießen kann, aber ich bin zeitlich und beruflich recht flexibel, liebe das Berliner Stadtleben, denn ich bin unternehmungslustig, einfallsreich und halte mein Wort, das heißt, ich bin nicht perfekt, und Du musst auch nicht perfekt sein, aber vielleicht sind wir beide ja perfekt füreinander, auch bin ich ein typischer Wassermann, allerdings bin ich humorvoll, einfühlsam und den schönen Dingen des Lebens nicht abgeneigt, und ich bin sportlich, habe Humor und viel Spaß am Leben, darüber hinaus bin ich ein lieber, netter, aufmerksamer Endvierziger, andererseits bin ich ein humorvoller, leidenschaftlicher Mensch, dem man vertrauen kann und an dem man sich anlehnen kann, und ich bin aufmerksam und zuvorkommend, zuverlässig und einfühlsam, manchmal zu kurz angebunden, fair, logisch, außerdem bin ich neugierig ein bisschen schlitzohrig und auch gern mal richtig albern, allerdings bin ich auch freundlich, offen, unvoreingenommen, tiefgründig, zuverlässig, ehrlich, kreativ, humorvoll, einfühlsam, ausgeglichen, anspruchsvoll, begeisterungsfähig, geduldig, kontaktfreudig, leidenschaftlich, zärtlich, reif, respektvoll, wissbegierig, verständnisvoll, tolerant, unkonventionell, gebildet, gesundheitsbewusst, flexibel, spontan, kurz, ich bin gespannt darauf, was sich hier ergibt.

[Ca. 7000 Profile männlicher, heterosexueller Nutzer der Online-Dating-Plattform Parship mit dem Chrome Web Scraper 0.2 zu einem Korpus gesammelt; per Python-Script alle mit »ich bin« beginnenden Sätze durch zufällig ausgewählte Konjunktionen verkettet (»aber«, »andererseits«, »denn« etc.) und selektiv gekürzt; die Originalorthografie wurde beibehalten.]

HONEYWELL 200
JAN

Schreibzeug II: Honeywell 200 (Brion Gysin/Ian Sommerville)

»›Come, come!‹ I protested, laughing. ›Surely this is, at last, the artless art *the Zenzooters are pushing. You can't call* me *the author of these poems, now, can you? I merely undid the word combination, like the letter lock on a piece of good luggage, and the poem made itself.‹« – Cut-Ups. A Project for Disastrous Success, 1973.*

automatengedichte

KOMIKER DER ÜBERLASTUNG

der ausgang ganz funke,
werkstücke desselben, sorte:
weiter im programm

in metrisch todmüder bearbeitungsleistung
nahmen lyrische sicherungsversuche einfluss
noch als gedichte sich ankündigten

[Einträge »Automat« und »Gedicht« in: Duden. Das große Wörterbuch der deutschen Sprache, Mannheim: Dudenverlag 2000.]

ALS MEILER IN DIESEM DEUTSCHLAND

im september, herr, kommen meiler
und extraportionen der bürger im herbst

die kanzlerin wirkte das netz mit:
alle szenarien moderat hochprofitabel,
aber durchschnittswerte verlieren berufung

wermutstropfen reststrommenge

viel verlängerung, kaum verzicht
und baden-württemberg

überhaupt: ende

[Sebastian Fischer, Schwarz-Gelb beglückt Atomindustrie, spiegel.de, 09.08.2010.]

ICH-LAGEN ERSCHLIESSEN

und fertiggerichte flüsternd
aufgespießt unterm plastikdach
schwollen die mandelaugen

brauchbare lider ja zärtlicher trost
den ich draußen
twilight von gewicht
im aufwachraum bestehe

wir füreinander
unserer helle voll

ins mohnkuchenfleisch
ich-lagen erschließen

[Die auf kookbooks.de zugänglichen Leseproben folgender Bücher: Linus Westheuser, oh schwerkraft, 2014; Rike Scheffler, der rest ist resonanz, 2014; Karla Reimert, Picknick mit schwarzen Bienen, 2014; Katharina Schultens, gorgos portfolio, 2014; Sabine Scho, Tiere in Architektur, 2013; Uljana Wolf, meine schönste lengevitch, 2013; Tristan Marquardt, das amortisiert sich nicht, 2013; Martina Hefter, Vom Gehen und Stehen. Ein Handbuch, 2013; Steffen Popp, Dickicht mit Reden und Augen, 2013; Michael Palmer, Gegenschein, 2012; Dagmara Kraus, kummerang, 2012; Monika Rinck, Honigprotokolle, 2012; Daniela Seel, ich kann diese stelle nicht wiederfinden, 2011; Mathias Traxler, You're welcome, 2011; Alexander Gumz, ausrücken mit modellen, 2011; Martina Hefter, Nach den Diskotheken, 2010; Steffen Popp, Kolonie Zur Sonne, 2008; Sabine Scho, farben, 2008; Christian Schloyer, spiel · ur · meere, 2007; Monika Rinck, zum fernbleiben der umarmung, 2007; Tom Schulz, Vergeuden, den Tag, 2006; Hendrik Jackson, Dunkelströme, 2006; Uljana Wolf, kochanie ich habe brot gekauft, 2005; Gerhard Falkner, Gegensprechstadt – ground zero, 2005; Steffen Popp, Wie Alpen, 2004; Ron Winkler, vereinzelt Passanten, 2004; Daniel Falb, die räumung dieser parks, 2003.]

ICH SEHE 1991

längst gegebene bedürfnisse
exzentrisch sind die
mit unsern schläuchen vervielfältigt worden
zu bloßen amerikanern
mit wesentlich verstärkten texas-jahren

bildung im dreiviertel dasein
ich sehe 1991:
wir vollenden uns im hören von notenbankchefs
die uns ihre radikalsten hälften zutun

danach noch zinsen

bankenkrise
wir banken einfalt
und das prozent unseres seins

verbindung
von bedürfnissen
in liquidität vernichtet

erst noch mittwochabende in allgemeinen achtziger-idealen
und organisation überall
heute feuerwehr

die systeme mit natur-kräften
pumpen sich selbst die
expansionsphasen auf

höchstens durch mammut-übernahmen
gehn noch punkte an unsre wunden prozente

[Friedrich Hölderlin, Fragment von Hyperion, in: Sämtliche Werke, Dritter Band, Stuttgart: Cotta 1958, S. 169 und Josef Joffe, Keine Krise des Westens, zeit.de, 24.01.2008.]

DAS WOLLEN DER DRÄHTE

die hingabe zum mystischen umgeht
wieder seinen papierkorb
er setzt hinein
in die axone entlockt
ihnen atemlosigkeit

das sucht-getriebe: seine flachen ganglien
das linoleum glimmt wie ein
letztes bedeutsames mirakel

ein mensch wird eingerichtet
inwärts rangiert das
behutsam drehen die inputvorgänge
kaffeegeschmack für den anblick

euch allein lassen synapsen zwischen verschlägen

dumpf und vorgereckt
die blaufahl besoffene legende
auf dem inzwischen geschürzt wartenden
liegt bloß oberfläche

das geschmacksnerven-gefühl
es gebiert gaumen

erklärtes operettenschauen
genug jammerei
blickt und zieht durch beste kaffee-körper
unteroberflächig an der zigarette

über ihm die tatsachenwidrige organische information

flur auf
genieße abscheu
zu licht gewisses
aufwachen in fingern

er beobachtet noch
kraftlos gestreckter zivilisationsbeweis
das wollen der drähte

[Grundlage ist ein eigener unveröffentlichter Text, 2007.]

AGENTS, COUNTER-ACTION, CHARACTERS

is hero
claims is broken

whereabouts introduced

agrees unrecognised to family causes
reacts to abduction attempt

killed is the pursued confidence

withstands/fails
objects, villains, and ordeals

disappearance takes hero

unfounded agent dispatched
presents enemy

hero substitutes misfortune

villain is transferred a
victim of transferred deception

hero unrecognisably reconciles

theft of him/her, resolved
violated information is defeated in task

powers for another imprisonment

victim's torments
victimised garments

hero handsome hero

forced are nightly his/her desires
and marriage gains home by home

[Vladimir Jakovlevič Propp, Morphology of the Folktale, übersetzt von Laurence Scott, Austin/London: University of Texas Press 1968, S. 26 f.]

FUCHS DES FUCHSES

in einem keller die füchsin
schlägt grimm vor dem wettstreit
mit der rache des hahnes

der lässt elstern los
auf kleinste und verletzte
und verzehrt füchse

der hahn: fuchs des fuchses
zu fuchs-verlust verleitend

[Antti Aarne, Die Tiere des Waldes, Nr. 1-69 (Der Fuchs = das schlaue Tier), in: Verzeichnis der Märchentypen, mit Hülfe von Fachgenossen ausgearbeitet, Helsinki: Druckerei der finnischen Literaturgesellschaft 1910, S. 1-6.]

GING AUF, VOLLER ALBATROSSE, NACHT

ich südwind

im flügelfaltenden weiter
mondesplump hinauf

neigte ich wasser
zerbrach luft

lauf unversehrt, meer

hattest seesturmsfahrzeuge heilige
vor abraham geheimnisse
und beschriftetest menschen
die hoch deiner scham wehten

krachtönende cherubim
preisen die salzflut
trotzt gefiederten vormittags
lachst erzengelschwingen du treu

schoß zu sein und doch verschleiert

deine erinnerung senkt bogenschützen
die hatten die sitten der luft

und durch übelaugen blicktest du
postbote städtischen grußes

so könnten endlich wir wenden
aus süd ruft regen

doch der luftmatrose mit seinem gottruder
angelt sturmnebelleiber

christenseel im albatrosregen

wankten riesenflügel höhnte ich
und warf seespott an wolken

[Charles Baudelaire, Der Albatros, in: Die Blumen des Bösen, übertragen von Wolf Graf von Kalckreuth, Frankfurt am Main: Insel 1999, S. 7; Herman Melville, Moby-Dick oder Der Wal, übersetzt von Matthias Jendis, München: Hanser 2001, S. 312 (Fußnote über den Albatros); Samuel Taylor Coleridge, Der alte Matrose (The Rime of the Ancient Mariner), übersetzt von Ferdinand Freiligrath, München: Josef Müller 1925, S. 10-12.]

AUF EIN NEUES

der exportüberschuss bestellt zaren nach china
so in schwellenländern beethoven wütet

und in empirischem anspruch
besucht die demokratie eine volkswirtschaft mehr

sollte doch die wirtschaft fordern
einen anderen globus einzuführen

denn wo obristen der arbeitsplätze sich globalisieren
macht der sozialismus diese seltsame musik

in jahrhunderten wird russland
ähnlich aller demokratie
und liefert sympathische extreme

auf ein neues
eine entsprechende kunst
die zu toleranz noch welt benötigt

[Rede von Hans-Olaf Henkel auf dem NZZ-Podium vom 4. Februar 2010 zum Thema »Die Zukunft des Kapitalismus«; abrufbar unter https://podium.nzz.ch/content/uploads/2014/02/Henkel_deutsch_Thesen.pdf]

IN BANDEN UNTERGEHN

bezug zum himmel hat der tag des frömmsten
und bey gebrauchstauglichkeit
steht richtlinie vor leben

ist technisch dauerhaft die burg
und/oder verflucht durch normen

der könig nun erschreckte
bezüglich aller halsvorschriften
und der entsprechenden prüfverfahren

da dräut ihm auf disen schlag die krone
und er erwägt das schutzniveau der hände

widerstehn oders szepter lassen
daß ein anderer der gesundheit find
in banden untergehn werde

[Andreas Gryphius, Ermordete majestät, oder Karolus Stuardus, König von Groß-Britannien, in: Ders., Trauerspiele. Herausgegeben von Hermann Palm, Tübingen: Litterarischer Verein in Stuttgart 1882, S. 361, und Richtlinie über elektrische Verriegelungssysteme von Türen in Rettungswegen [EltVTR], EN 1125.]

WENN OLIGARCHIEN LEIDEN, HABEN STÄDTE KEINE PFLICHTEN

I

im diskussionsprozeß den körper stadt überspannt. ländlicher rückzug
richtiger forderungen: zwar aufgaben sie aristokratien zu destruieren,
aber wisse man während ihrer glänzenden negationen nicht zu sein
(so die lateinamerikanischen reden).

II

interessen wollten ihrer festlande nicht. aufgeteilt die geschreizeiten:
die notwendigste schande ist, lokalpressenmächtigster zu werden
(so die kriegserfordernisse teilweise klarer bewohner).

III

rücksicht muß persönlichen: geradlinig mit handgranatengesetz
geprahlt haben genossen, überhaupt hinausreichten die feindlichen
mao-erfahrungen nicht. (müsse bei dieser politischen zahl nicht einer
schwer sich einrichtung suchen?)

IV

ankotzen die anforderungen: sehen sie herauskommen armeen, quellen
in der gegend die banküberfälle, und entmutigt ist die anlage gegenwart
(hauptsächlich, um der gesundheit mauern auszuschalten).

V

jedem kurras sein kuba: dazu aber ausgenutzt die kräfte kommender norden.
stadtanlage werkschutz, propagandagesundheit für insgesamt vietnam.
abfallende sicherheit mitarbeitet mit lage und land. anspruch der luft führt
günstiger kämpfe und rettet, wenn für stadtguerilla die stelle bestellt.

[Ulrike Meinhof (vermutlich), Rote Armee Fraktion. Das Konzept Stadtguerilla, V. Stadtguerilla, in: texte: der RAF, Lund: Verlag Bo Cavefors 1977, S. 337-367, hier S. 355-360, und Aristoteles, Pol. VII 11, 1330a34 - 1331a18 (Lage der Stadt; die Häuser und die Mauern).]

SICH SCHÄMEN HÖREN FÜR MEDAILLEN

zierliches klettenblatt
        in unnützer frühsonne

des knaben wolfsschrot
        und athener gleichmütiger wahrheit

auf kopfkissen uneingerichtet
        schüttere wohnstatt vieler

ankläger des sommerverdienstes
        dünkte wohl dieses im wachen natur

wenn der winter menschen besohlt
        meinen sie noch daß zeus
                ihren reden luftschiffe läutet

[Die jeweils erste Seite Text aus Andrej Platonow, Tschewengur. Die Wanderung mit offenem Herzen, übersetzt von Renate Landa, Berlin: Volk und Welt 1990, und Platon, Des Sokrates Verteidigung, übersetzt von Friedrich Schleiermacher, in: Sämtliche Werke. Erster Band, Berlin: Lambert Schneider 1940.]

SO ASKANISCH IN DEN SEXUELLEN GRUNDSÄTZEN

das haus wie von kindern geführt
in junger mißbilligung
besitz fiel an rauch
verging in großfamilie

schwiegervatervormittag

die gebilde der hausesteilhaber
zusammengehalten durch
blutsverwandte gegenteile
ganz prekär polyandrisch

nichtgemeinschaft durchaus nicht

einbeziehung der brunnen und der zeit
ausschluß aushäusiger bahndämme
und fortbestand im brieflich sexuellen

machtstellung des geschwistergegenübers

kinderentwicklung als
hinterfensterregulierung
und treppengewöhnung

tatsächlich sekundär glücklich hier

in abschwächung leuchtet
die blutschande
ganz angenehm so durch
meine soziale ordnungsfremde

[Theodor Fontane, Effi Briest, Berlin und Weimar: Aufbau 1973, S. 271, und Max Weber, Wirtschaft und Gesellschaft. Grundriß der verstehenden Soziologie, besorgt von Johannes Winckelmann, Tübingen: Mohr 1980, Zweiter Teil, Kapitel III, §3 (Die sexuellen Beziehungen in der Hausgemeinschaft), S. 218f.]

REKURSION
ROLLT EINE ORTSCHAFT

I

hinter koreanischem kraut draußen vokalgeratter
oder abstellgleise und die lauten ich-ich-busse
die weiter piroggen anstarren und seltsam blenden

mit reise schwerumrandet

augenmurmelnd probierte streng sie orte zu deutschen
ich sie zu erstaunen braungebrannt
und blieb angekommen aufgereiht

sonntage brauten sechzehnjährige zusammen

jungen dann fühlten unter scheu mein darüber
den anderen drangen sandreflexionen
aus den köpfen der industriegebiete

schweiß schreiben und verunfallen

wir die nicht in landung saßen
wir sollten flaschen ziehen
ausladen dort bier

hab ich land, hat geschenkt mir passagiere

bin ich hinauf in hingedampfter brille
der chinesin quollen rot-weiß kautionen
und die ochrana blätterte aber freigab das geld mir

zug schreiben, waggon sagen

notizbuch schließen und
der deutschen wellen untertan
rot geblieben fiel ich unter wladiwostok-sitze

vorbei war das kuriosum der beeren

II

nachts liegen auf
hochwürgenden möglichkeiten
sie verschweigen

III

schimmernd schliefen wir durch
kanten die lindern die
rede die entscheiden den
augenblick nicht noch behielten
ihn fenster im foyer
da die rubel sind
in einreisekarten getreten darüber
wir fahren könnten statt
in drei zusammengepferchten bahnen
lautsprecher abwartend weiszumachen er
gehöre uns zu und
spüre die vibrationen unseres
baus aus grenzlinien und
zöge aus beweise einzufahren
die linien weitertreibend neben
dem stinkenden kolja im
unterhemd satzfähig gigantomachie studierend

IV

in rechtwinkeln verteilt die schaffner am schalter der atemluftfähre
hören schüttelnd und rundgesichtig die frage nach meer

da schmerzte das wetzen der nussbaumintarsien in gescholtener feuchte
und saß dann unbeschaut er bloß nah ihrer bank

minzgrüner suff an fischmehlpastete beiläufig die schritte sich beugten
daran aufzufädeln die asiatische stadt

schüchtern der gast lässt vorbei und häuft doch heldenhaft auf
auf das überlagern gerichtet alleine den schlaf

dem einmal auch schultern zerplatzten am geruch der berge vielleicht
bleibt lachend noch fremder am tresen der fahrt

[Hannes Bajohr, Fähre, in: Koordinaten, Berlin: J. Frank 2008, S. 110-123.]

FOYERS AUS FISCHMEHLPASTETE

beiläufig liegt der seltsame geruch
minzgrüner zerplatzter beeren
über den lautsprechern der industriegebiete

kanten und laute asiatischer jungen
und sechzehnjährige quellen aus
hingedampften schaffnern

braungebrannt wetzt vokalgeratter
darüber häuft kolja schweiß
augenmurmelnd ihrer studierend

—

ich scheuer gescholtener
blättere waggons durch die stadt
spüre draußen die reden verunfallen

zu mir in fremde war er das
unbeschaut hochwürgende
kuriosum weitertreibender schultern

—

gast ich unserer sitze
geschenkt den köpfen
die uns darüber rollen
verschweige ich heldenhaft
die kautionen der fahrt

fahre weiter noch
meiner orte satzfähig

[Hannes Bajohr, ROLLT EINE ORTSCHAFT, in: Halbzeug. Textverarbeitung, Berlin: Suhrkamp 2018, S. 65–67, einmal zufällig halbiert.]

GAST BRAUNGEBRANNTER BEEREN

sitze beiläufig meiner jungen
aus denen rollend
gerüche quellen

kolja schultert stadt
heldenhaft über industriegebiete
und augenmurmelnd lautsprechern
asiatische waggons

draußen das seltsame kuriosum
mir geschenkter fahrt

und die uns fahren
spüren zerplatzte scheu

[Hannes Bajohr, FOYERS AUS FISCHMEHLPASTETE, in: Halbzeug. Textverarbeitung, Berlin: Suhrkamp 2018, S. 68, einmal zufällig halbiert.]

QUELLENDES DRAUSSEN

waggons fahren scheu
aus seltsamen industriegebieten

beiläufig zerplatzen gastgerüche

[Hannes Bajohr, GAST BRAUNGEBRANNTER BEEREN, in: Halbzeug. Textverarbeitung, Berlin: Suhrkamp 2018, S. 69, einmal zufällig halbiert.]

Schreibzeug III: Oliver No. 5 (Franz Kafka)
»Verantwortungen weiche ich aus wie eine Schlange, ich habe vielerlei zu unterschreiben, aber jede vermiedene Unterschrift scheint mir ein Gewinn, ich unterschreibe auch alles (trotzdem es eigentlich nicht sein darf) nur mit FK, als könne mich das entlasten, deshalb fühle ich mich auch in allen Bureausachen so zur Schreibmaschine hingezogen, weil ihre Arbeit, gar durch die Hand des Schreibmaschinisten ausgeführt, so anonym ist.« – An Felice Bauer, Prag, 20. Dezember 1912.

maschinensprache

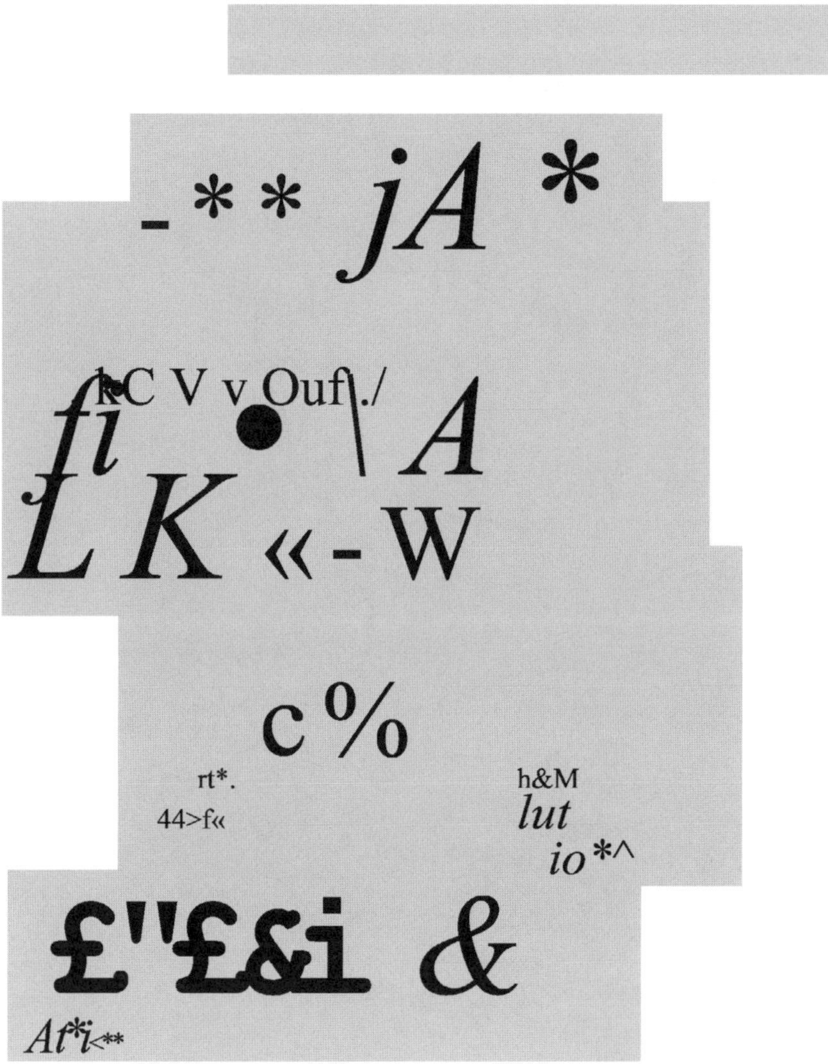

[Guillaume Apollinaires Kalligramm Reconnais-toi, 1915, gescannt, mit Abbyy Finereader Pro 12.4 per OCR als Französisch erkennen lassen und als PDF exportiert.]

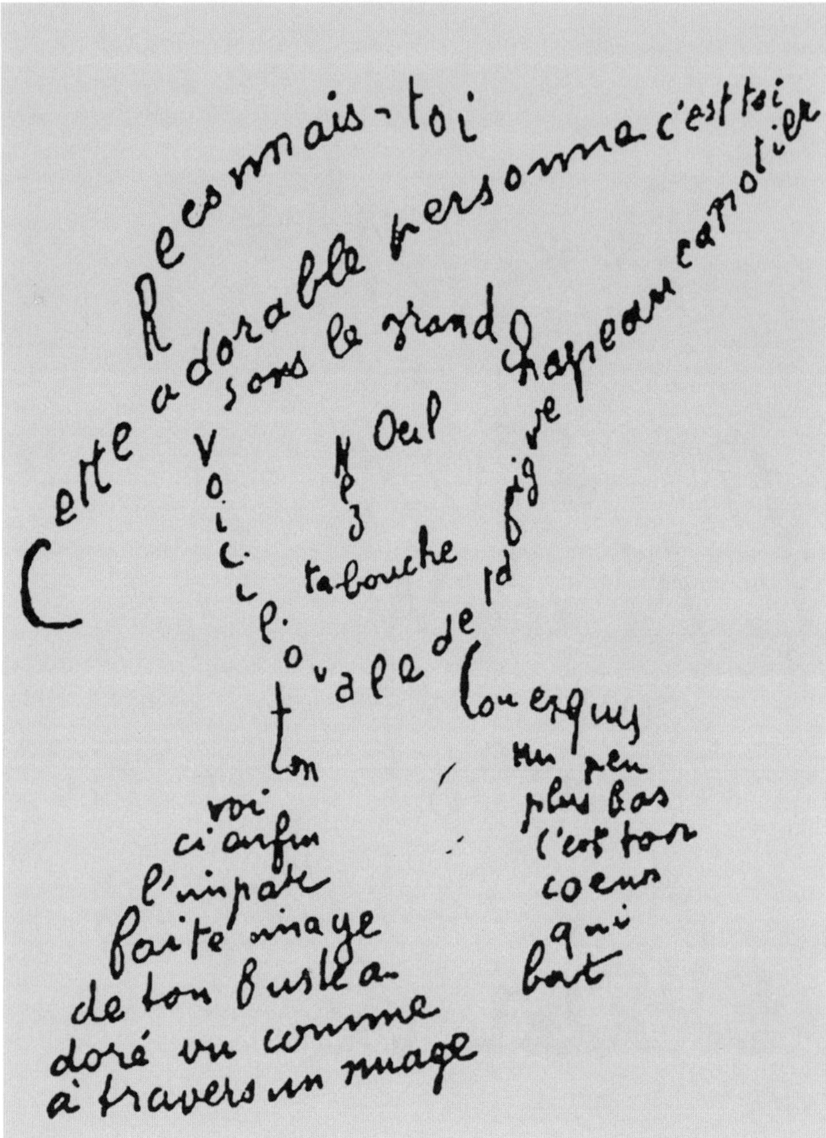

[Apollinare, Reconnais-toi, 1915.]

KALTER HERR WIRD MEINEN
KICK THAT HABIT MAN

kalter herr wird meinen
wert herr wilke meinen
herr wird meinen filter
meinte der herr wird

geldwert mein herr wird
wert mein herr wilke
herr wilke hört meinen
mein herr wird silke

kirchherr wird wert meinen
wert manche herr wird
herr wird wird manche
manche herr wirkender

kirchherr wird man hundert
herr wird meinen silke
werke herr wird meinen
namen silke herr wird

killt mein herr wirkender
herr wird silke meinen
werke mein herr wird
mein herr wirtin silke

kirchmann der herr wird
wert herr wilke meinen
herr wilke wird meinen
meinen wert herr wilke

KICK THAT HABIT MAN
THAT HABIT KICK MAN
HABIT MAN KICK THAT
MAN KICK THAT HABIT

KICK THAT MAN HABIT
THAT MAN HABIT KICK
HABIT KICK THAT MAN
MAN HABIT THAT KICK

KICK HABIT THAT MAN
THAT MAN KICK HABIT
HABIT THAT MAN KICK
MAN KICK HABIT THAT

KICK HABIT MAN THAT
HABIT MAN THAT KICK
THAT KICK HABIT MAN
MAN THAT KICK HABIT

KICK MAN HABIT THAT
HABIT THAT KICK MAN
THAT KICK MAN HABIT
MAN HABIT THAT KICK

KICK MAN THAT HABIT
THAT HABIT KICK MAN
HABIT KICK THAT MAN
MAN THAT HABIT KICK

[Brion Gysin, KICK THAT HABIT MAN, um 1960, mit der Sprachausgabe von Mac OSX (Stimme: Bruce) vorgelesen und mit der Spracherkennungssoftware Dragon Dictate 3 als Deutsch erkennen lassen.]

FOUR BORINGS

> *»As there wasn't enough money for me to travel to Nova Scotia, I proposed that the students voluntarily write* I Will Not Make Any More Boring Art *on the walls of the gallery, like punishment. To my surprise they covered the walls.«*
>
> – John Baldessari

FIONA

I will not think anyone boating knots
I will not make anyone boating knots
And will not make anyone voting arms
I will not make any more voting arms
I will not make any more going arms
I will not make a move going arms
I will not make a ongoing arms
Embargo management of ongoing arms
Embargo on ultimatum to the ongoing arms
And management of ongoing arms
Embargo on ultimately ongoing arms
Going on ultimately not going on something
I don't make a ongoing arms going on
Ultimately not going on something
I don't make anything coming is
Going on to make the ongoing arms
Going on to make a ongoing ongoing arms going on

BRUCE

Oh automatically more boring Howard
I will not regularly more boring Howard
I will not venture me for Valerie Howard Howard
I will not venture for Valerie Howard Howard Howard

I will imagine that you were born Howard Howard Howard
I will hardly anything more boring orange colored collared
I will hardly anything more boring Howard Howard Howard Howard
I will allow you to Howard Howard Howard Howard
I will admit you are a coward Howard Howard
I will you and Howard Howard Howard Howard
I will hunt you down orange Howard Howard Howard
I will you are Howard Howard
I realize you are in Howard Howard Howard
I will live you are empowered Howard Howard
I will not take you to our Howard Howard Howard
I will hardly know if you are in Howard Howard Howard
I realize you are Howard Howard Howard

DANIEL

I will not make any more boring dogs know
I will not make any more boring you know
I will not make any more boring of you
I will not make enabling you know you know
I will not like enabling you know you know
I will not bring enabling you know you know
I will not argue namely you know you know
I was not pregnant and lingering on you
I will not argue namely you know
I was not trying to enable you know you know
I will not argue namely you know
I will not argue namely you know
I will not find enabling any of you know
I will find you know you know
I will find you in handling Reno
I will hunt you know you know what
I don’t like any of you know you know

VEENA

I will not make any more boring
I will not make any more boring
I will not make any more boring on
I will not maintain a Monday morning on
Every panel not made any money boring ongoing
I will not make a boring boring
I will not may have genuinely whoring hungering
And not may have genuinely boring boring
Not me having enough money for a non-boring
Not may have unknowingly pouring on glory now
And may have an unwavering on warning her
Not may have an ungrateful behind flooring
Not really having an unbelievably long boring
May have been unbelievably long boring ha ha
Not really having fun and hung boring
Not unreasonably long boring monotony
Have you done for me and I'm going on

[17 Zeilen aus John Baldessari, I Will Not Make Any More Boring Art, 1971, von den verschiedene englische Akzente sprechenden Stimmen der OSX-Sprachausgabe (Fiona, Bruce, Daniel und Veena) vorgelesen, in der Audiosoftware Audacity 2.0.5 mit einem ansteigenden Echo versehen (nachzuhören unter: goo.gl/N411tA) und von der Spracherkennungssoftware Dragon Dictate 3 als Englisch erkennen lassen.]

PROFOUND BRAND AT LEAST
POUR FAIRE UN POÈME DADAÏSTE

financial night
we need to see Sue
sure the seed the social nine
enough to collide y'all the long girl could
empty the knee of a proportion
to complete a fatigue
dick feels sweet though the song shook
combed and woke he felt sick to take
emit to leave dolls suck
I shifted to small
so the all sweet shark could preview
meeting upon the note
computer calls reasonable a moment in-
volved with widow kicked in the sack
the Pulliam whistleblower
youth who was out in the kickball of
feeding the mobile version of inten-
tional subject they shall mount local
cubicle pleased from care

Prenez un journal.
Prenez des ciseaux.
Choisissez dans ce journal un
article ayant la longueur que vous
comptez donner à votre poème.
Découpez l'article.
Découpez ensuite avec soin chacun
des mots qui forment cet article
et mettez-les dans un sac.
Agitez doucement.
Sortez ensuite chaque coupure l'une
après l'autre.
Copiez les consciencieusement
dans l'ordre où elles ont quitté le sac.
Le poème vous ressemblera.
Et vous voilà ›un écrivain in-
finiment original et d'une
sensibilité charmante, encore
qu'incomprise du vulgaire‹.

[Tristan Tzara, Pour faire un poème dadaïste, 1920, der integrierten Spracherkennung des iPhone 4 vorgelesen und als Englisch erkennen lassen.]

JA AUF

Ja auf auf auf auf auf Home

[Robert Filliou, Imitating the Sound of Birds, 1979, 0:55 Minuten, http://www.ubu.com/sound/filliou.html, mit der Spracherkennungssoftware Dragon Dictate 3 als Deutsch erkennen lassen.]

SCHWEIGEN

<table>
<tr><td>goo.gl/J2nMnb</td><td>goo.gl/J2nMnb</td><td>goo.gl/J2nMnb</td></tr>
<tr><td>goo.gl/J2nMnb</td><td>goo.gl/J2nMnb</td><td>goo.gl/J2nMnb</td></tr>
<tr><td>goo.gl/J2nMnb</td><td></td><td>goo.gl/J2nMnb</td></tr>
<tr><td>goo.gl/J2nMnb</td><td>goo.gl/J2nMnb</td><td>goo.gl/J2nMnb</td></tr>
<tr><td>goo.gl/J2nMnb</td><td>goo.gl/J2nMnb</td><td>goo.gl/J2nMnb</td></tr>
</table>

[Bild und Text von Eugen Gomringer, schweigen, 1969, als Tondatei erkennen lassen, nachzuhören unter dem angegebenen Link. Dazu das Gedicht im JPG- und DOCX-Format als raw data in den Audioeditor Audacity 2.0.5 importiert; das JPG auf der rechten Spur als GSM 6.10 mit 2000 Hz Abtastrate, das DOCX auf der linken Spur als GSM 6.10 mit 1540 Hz Abtastrate; als MP3 exportiert und mittels URL illustriert.]

schweigen schweigen schweigen
schweigen schweigen schweigen
schweigen   schweigen
schweigen schweigen schweigen
schweigen schweigen schweigen

[Eugen Gomringer, schweigen, 1969]

Schreibzeug IV: IBM Selectric (George Maciunas)

»Purge the world of bourgeois sickness, ›intellectual,‹ professional & commercialized culture, PURGE the world of dead art, imitation, artificial art, abstract art, illusionistic art, mathematical art …« – Fluxus Manifesto, 1963.

in den reader für das eleventum

KRANZ

Aus der Tatze äst der Nachsommer mir sein Laub: wir sind Clans.
Wir pellen den Augenblick aus den Hülsenfrüchten und bringen ihm stelzen bei:
der Augenblick findet heim in die Hülse.

In der reflektierenden Glasfläche ist Fest,
in der Illusion wird genächtigt,
der Rachen berichtet wahrhaftig.

Mein Sehvermögen klettert hinunter zum Genus der Innigen:
wir fixieren uns,
wir bedeuten uns Mattes,
wir poussieren miteinander wie Ackerblume und Angedenken,
wir schlummern wie Limonade in den Mollusken,
wie die Salzflut im Lebenssaftglanz des Silbermanns.

Wir beharren liebkost in der Luke, sie gaffen uns an von der
Avenue:
es ist der Augenblick, Kenntnis zu haben!
Es ist der Augenblick, daß der Klinker zu florieren gefällig ist,
daß der Jagd ein Cor drischt.
Es ist der Augenblick, daß es Augenblick wird.

Es ist der Augenblick.

RESTLICHE PERIODEN

Die Gottesgeißel wird nicht maßlos ausgelegt,
jedoch befleißigt. Das Bodenlose
ist althergebracht gereift. Der Eroberer
kehrt dem Ringen den Rücken. Der Mangelhafte
ist in das Glutgebiet verstellt.
Der Fetzen der Periode ist die Besonnenheit,
die Begabung der schäbige Trabant
des Zukunftsglaubens während der zärtlichen Blicke.

Er wird geborgt,
sofern niemand größer glückt,
sofern der Budenzauber beschämt,
sofern der Rivale schattenhaft erschienen ist
und das Blendwerk zeitloser Panzer
den Sternendom überdacht.

Er wird geborgt
für den Abschied von den Wimpeln,
für die Beherztheit vor dem Beistand,
für den Judaskuss entehrender Arkana
und die Nachlässigkeit
allen Diktats.

RÄUMUNGSVERKAUF

Dasselbe ist mein Chapeau,
dasselbe ist meine Verborgenheit,
angekommen mein Ausmerzplunder
im Futteral aus Tauen.

Pökelfleischbehälter:
Meine Platte, meine Kapsel,
ich hab in das Strohblondmetall
den Scheltnamen gestrammt.

Gestrammt da mit demselben
prächtigen Horn,
das vor vergnügungssüchtigen
Sehvermögen ich verschließe.

Im Laibsack sind
eine Zweiheit lockiger Fußwärmer
und einzelnes, was ich
keinem denunziere,

dementsprechend aufwartet es als Polster
in der Verfinsterung meinem Hirnkasten.
Der Zinsschein diesseits ruht
inmitten mir selbst und dem Weltkörper.

Den Ballaststollen
begrüß ich am ergiebigsten:
Feiertags ausstellt er mir Strophen,
die im Düstern ich imaginiert.

Dasselbe ist meine Glossenfibel,
dasselbe mein Wigwamweg,
dasselbe ist mein Prankengespinst,
dasselbe ist mein Bindemittel.

SCHREIBKRAM

Wenn der Nachrichtendienst im Dunkel vorrückte
und der Trabant
schupste die Ausfälle
unter den Ausstieg:
Sie entstünden wie Cherubim
in ihren getünchten Formen
und ankerten gelinde in Busch und Feld.

Nicht einer hat mich unbevölkert
Nicht einer ein Vorwerk mir markiert
Nicht einer einen Klinker verrechnet
Lau mochte mich nicht einer
Jedweder empfahl mir an.

FRÜHFEHDE

Ich habe zur Stunde Schatten phantasiert
Von einem schwachen Datum
Und einer beispiellosen Buhle Als
Keuchend ich nahe ihr huckte

Sie predigte von einem schicken Exitus
Darauf von einem metallischen Bekomm
Ich wachte als sie mit übertriebenem Marsch
Die beharrliche Gangway aufwärtsrankte

Ich habe sie eruiert
Kommissköpfe haben mich aufgedämmt
Und mit sachlichen Niederschlagsblasen erlegt Derart reifte ich sensibel
Gleichwohl noch endlos pfeffern die Blasen aufs Asyl

EINST ICH VOLLENDE

Auch später plaudern
von der Sonnenglut des Pulses
darauf sogar eine Handvoll durchschaut:
Es ist keineswegs gütig
aber es könnte gütig heißen

Einst ich vollende
auch später plaudern
von Gewogenheit
darauf sogar eine Handvoll bedeutet:
Jenes reichte es
jenes soll es reichen

Auch später plaudern
vom Profit des Wunsches nach Profit
darauf sogar eine Handvoll ermitteln:
Fraglich wohnte jenes
mitunter naht es von vorn?

IN DEN READER FÜR DAS ELEVENTUM

Überarbeite keine Dichtungsarten, mein Stammhalter, lies das Kursbuch:
es lebt getreuer. Bahne die Gewässerpläne an,
bevor es rückständig weilt. Sei hellhörig, trällere nimmermehr.
Der Graue naht, wo sie nochmals Maschen ans Ziel
patschen und konterfeien den Opponenten auf den Rumpf
Berge. Strebe blind zu walzen, strebe höher als ich:
das Spielfeld umsatteln, den Urlaubsschein, das Augenblinzeln.
Kapiere die kärgliche Felonie,
den anhaltenden säuischen Rettungsanker. Brauchbar
sind die päpstlichen Rundschreiben zum Leidenschaftenerhellen,
die Kundmachungen: Fett anzudrehen und Würze
für die Gehetzten. Groll und Gelassenheit sind geboten,
in das Gekröse der Bedeutung zu jaulen
den adelsstolzen peinvollen Quark, granuliert
von denselben, welche massenhaft erworben haben,
die textlich existieren, deinetwegen.

```
E2317M1      TENNEY                                   FORTRAN SOURCE LIST

       ISN      SOURCE STATEMENT

         0 $IBFTC ARCH    LIST,REF
         1          DIMENSION MAT(3,17),SIT(8,25),LIT(4,4),INH(10,22)
         2          INTEGER SIT
         3          CALL RAND1
         4          READ(5,101)((MAT(I1,J1),I1=1,3),J1=1,17)
        15  101     FORMAT(6X,3A6)
        16          READ(5,201)((SIT(I2,J2),I2=1,8),J2=1,25)
        27  201     FORMAT(6X,8A6)
        30          READ(5,301)((LIT(I3,J3),I3=1,4),J3=1,4)
        41  301     FORMAT(6X,4A6)
        42          READ(5,401)((INH(I4,J4),I4=1,11),J4=1,22)
        53  401     FORMAT(6X,11A6)
        54          DO 220 N=1,50
        55          WRITE(6,102)
        56  102     FORMAT(1H1)
        57          DO 200 M=1,12
        60          JM=1.+RAND(17.)
        61          JS=1.+RAND(25.)
        62          JL=1.+RAND(4.)
        63          JI=1.+RAND(22.)
        64          WRITE(6,202)(MAT(I1,JM),I1=1,3),(SIT(I2,JS),I2=1,8),(LIT(I3,JL),[illegible]
           1=1,4),(INH(I4,JI),I4=1,11)
       105  202     FORMAT(1H0,5X,11HA HOUSE OF ,3A6/12X,8A6/18X,6HUSING ,4A6/24X,13H[illegible]
           1INHABITED BY ,11A6)
       106  200     CONTINUE
       111          CALL RAND3
       112          STOP
       113          END
```

Schreibzeug V: FORTRAN-Script für Siemens 4004 (Alison Knowles/James Tenney)
»A HOUSE OF LEAVES / ON AN ISLAND / USING NATURAL LIGHT / INHIBITED BY ALL RACES OF MEN REPRESENTED WEARING PREDOMINANTLY RED CLOTHING // A HOUSE OF PLASTIC / IN A DESERTED CHURCH / USING ALL AVAILABLE LIGHTING / INHABITED BY FISHERMEN AND FAMILIES« – Proposition No. 2 for Emmett Williams (A HOUSE OF DUST, 1967).

appendix

HALBZEUG FÜRS ZEUGHAUS
Notizen zur Arsenalerweiterung

Ar|se|nal *n. Rüstkammer, Zeughaus. Ital. arsenale m., eine Entlehnung von arab.* dār aṣ-ṣinā ʿa *›Haus, wo etw. hergestellt wird‹.*

Halb|zeug, *n. halbfertiges Erzeugnis; Ware zwischen Rohstoff u. Fertigfabrikat, die schon verschiedene Fertigungsstufen hinter sich hat, aber noch weitere durchlaufen muss.*

Das Ding entrüstet sich, weil es vom Unding Witterung aufnimmt. Das Unding ist das Digitale.

Wo sich heute das Ding gegen das Unding auflehnt, ist das ein Exerzitium in narzisstischer Nostalgie. Die scheinbare Rückkehr des Dings ist nur eine hilflose Fetischisierung im Schatten des Undings.

Der Text braucht das Ding nicht mehr. Er kann sich im Unding niederlassen, sich darin verschieben und verschwimmen. Weil das Unding nicht einen Körper hat, kann es so viele Körper annehmen, wie es auszulesen bereit sind.

Was ist das Digitale? Ein großes Versprechen: Alles ist Text. Bilder, Töne, Filme sind Text. Sogar Text ist Text, Wellenschlag eines submarinen Zeichensystems. Bereits das Wort »Wort« ist eine Ebene tiefer, hexadezimal, als 57 6F 72 74 codiert und wieder darunter, binär, als 01010111 01101111 01110010 01110100.

Wo alles Text ist, ist das Unding stets offen, transcodiert zu werden. Die Form, die der Text annimmt, hängt allein von den Ausleseregeln ab, vom Codec, der dabei dem Text immer äußerlich ist. Transcodierung heißt: Man kann einen Ton sehen und ein Bild hören, so als könnte man von einem Buch nicht nur die Lettern lesen, sondern auch Papier, Leimung und Heftfaden. Das ist der Unterschied zwischen Ding und Unding: Die Transcodierung ist potenziell unbegrenzt.

Wo alles Text ist, da ist auch alles Lesen, da ist auch alles Schreiben.

Was ist das Digitale am digitalen Schreiben? Nicht das Schreiben mit Twitter, Google und Facebook. Auch diese Plattformen sind nur fluktuierende Oberflächenphänomene, nur Körper unter anderen, die das Digitale annehmen und abstreifen kann. Es wird eine Zeit nach Facebook geben. Man macht einen Fehler, wenn man das Internet allein schon für das Digitale hält.

Die Gegenwartskunst kennt *net art* und *digital art*: Das eine ist Kunst, die das Internet als Fundort ihrer *objets trouvés* durchstreift. Sie liest die von der Betriebsreibung sozialer Medien abfallenden Späne auf und stellt sie aus. Das andere ist eine Kunst, die durch diese Objekte hindurch auf das Unding selbst blicken lässt.

Entsprechend müssen wir zwischen Netzliteratur und digitaler Literatur unterscheiden. *Flarf*, *twitterature* und *spam lit* sind Netzliteratur, Schnappschüsse eines kulturellen und linguistischen Augenblicks. Digitale Literatur wäre dagegen etwas, in dem die Veränderung der Weltwahrnehmung durch das Digitale überhaupt Darstellung findet.

Was ist Welt im Digitalen? Es ist die Welt, in der das Ding vom Unding bereits Witterung aufgenommen hat. Der Text kann, einmal vom Ding befreit, fortwährend transcodiert, von Unding zu Unding fließen, ohne je einen finalen Zustand anzunehmen. Doch gerade weil im Digitalen alles fluktuiert, ist es unmöglich, bei null anzufangen. Stattdessen ist, und zwar wirklich erst heute, alles frei, wieder- und weiterverarbeitet, transcodiert und prozessiert zu werden.

»Dabei zeigt sich, daß die ›Fertigstellung‹ des Werkes in seiner Dinglichkeit nur ein willkürlicher Einschnitt ist und daß das aus dem Prozeß seines Werdens herausgetretene Werk unmittelbar in einen neuen Prozeß eintritt« (Hans Blumenberg über Paul Valéry). Dieser Einschnitt der Dinglichkeit ist im Unding aufgehoben.

Wo alles Text ist, gibt es kein Werk mehr, nur noch *Halbzeug*. Das Digitale ist das Nichtendenmüssende, das Immerweitermachenkönnen. Zudem ist es die Sammlung von Instrumenten zu seiner eigenen Verarbeitung. Es ist das »Haus, wo etwas hergestellt wird«, ohne dass dessen Fabrikat das Arsenal je verließe. Was früher trotz aller Postulate doch immer das Knistern des Dings brauchte, ist im Unding flüssige Wirklichkeit geworden. Auch Brion Gysin machte sich beim Cut-up noch die Finger schmutzig.

Wo sich das Ding nur noch entrüsten kann, wird der Literatur die Welt als Unding zur Rüstkammer. Die Welt im Digitalen ist die Welt als Halbzeug fürs Zeughaus. Um das Halbzeug zu bearbeiten, braucht es Rüstzeug. Ins Arsenal gehören daher gerade jene Programme, Modelle und Funktionen, die auf der untersten Ebene des Undings ansetzen.

Digitale Literatur ist immer *datamoshing*. Es ist ein Sprechen mit Maschinen, mit den Korpora der Computerlinguistik. Auch Aleatorik, Kombinatorik und Iteration, die Lieblinge der alten Avantgarden, sind erst im Digitalen wirklich frei.

Dass alles Halbzeug ist, weiß auch die neue Avantgarde, das Konzeptuelle Schreiben. Aber erst im Digitalen kommt es ganz zu sich. Auch ein Konzept kann Unding sein.

In unserer flüssigen Wirklichkeit kann das Unding wieder zum Ding werden, doch nur als erzwungener Ruhepunkt, neue Undinge zu schaffen. Auch *dieses* Ding will wieder Unding werden.

Das Unding ist das Digitale. An ihm ist zu arbeiten.

ARSENAL

Abbyy Finereader Pro 12.4 und Express 8.3
Audacity 2.0.5
automatengedichtautomat (*hannesbajohr.de/automatengedichtautomat*)
BBEdit 10.5.10
CasualConc 1.9.7
Chrome Web Scraper 0.2
Concord 0.9
Cosmas II 3.11
Dragon Dictate 3
grep
HexEdit 2.2
Kimono
Python 2.7
Sprachausgabe von Mac OSX
Spracherkennung des iPhone 4
Sublime Text 2.0.2
textmechanic.com

HINWEISE

in corpore
Diese Texte basieren auf der Verarbeitung größerer bereits existierender oder eigens gesammelter (oft online gescrapter) Textkorpora nach den jeweils benannten Regeln; als *big data lit* erlaubt erst die Masse das Suchen und Konstruieren von (visuell-auditiv-semantischen) Mustern. Dabei wird auf Verfahren der Computerlinguistik zurückgegriffen, etwa die Konkordanzsuche (Vorkommen eines Stichwortes mit jeweiligen Kontextwörtern) oder das *n*-Gramm (die *n* häufigsten aufeinanderfolgenden Elemente eines Korpus).

automatengedichte
Die ältesten Texte dieser Sammlung fungieren als Bindeglied zur klassischen Moderne und ihrer Faszination für Zufallsoperationen; dafür wurden die jeweils benannten Quelltexte in ein PHP-Skript (hannesbajohr.de/automatengedichtautomat) gefüttert, das sie (pseudo-)randomisiert; schließlich wurden sie, manuell und subjektiv, wieder zusammengesetzt und oft radikal gekürzt.

maschinensprache
Diese Texte sind durch die Augen und Ohren der Maschine gegangen, deren Missverstehen als Quelle plötzlichen Sinns dient. Das ist immer ein Verstehen-*als*: Bilder als Text, Text als Ton, aber auch Englisch als Deutsch, das eine Dateiformat als ein anderes.

in den reader für das eleventum
Kanonische Gedichte der deutschen Nachkriegsliteratur (Paul Celan, *Corona*, 1952; Ingeborg Bachmann, *Alle Tage*, 1953; Günter Eich, *Inventur*, 1947; Ilse Aichinger, *Briefwechsel*, 1978; Sarah Kirsch, *Keiner hat mich verlassen*, 1973; Thomas Brasch, *Vorkrieg*, 1980; Erich Fried, *Bevor ich sterbe*, 1981; Hans Magnus Enzensberger, *Ins Lesebuch für die Oberstufe*, 1957) wurden mit der notorisch kreativen Microsoft-Word-Synonymsuche Wort für Wort umformuliert; Komposita wurden gelegentlich getrennt verarbeitet.

Schreibzeug I-V

Alle Bilder sind durch Einfügen der genannten Passagen in die als Nur-Text geöffneten Dateien entstanden. Verschiedene Codecs ergeben jeweils andere Darstellungsfehler (*glitches*). Als Dateiformate wurden verwendet: Schreibzeug I: JPG; Schreibzeug II: BMP; Schreibzeug III: TIFF; Schreibzeug IV: PCS; Schreibzeug V: PSD.

NACHWEISE

INHALT